2015 ᅟ개 시행

KB152045

인명용 한사

人名用 漢字

編輯部 編

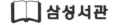

삼성서관

들어가는 말

대법원은 출생신고나 개명시 이름에 쓸 수 있는 한자에 한국산업표준 한자를 새로 추가하면서 기존 5,761자에서 8,142자로 대폭 확대 시행하였습니다.

따라서 과거 출생신고 당시 인명용 한자에 해당되지 않아서 가족관계등록부에 한글이름만 기재된 국민의 경우에는 해당 한자가 인명용 한자에 새로 포함되었다면 출생신고 당시의 가족관계 등록관서(동사무소 등)에 보완 신고를 하면 못 했던 한자이름을 기재할 수 있습니다.

애초에 자신의 이름을 한글로 지었다면 문제가 없겠지만, 한문 이름이면서 한자를 쓸 수 없어서 한글로만 등록되었다면 불편함은 물론이고, 이름이 가진 상징적인 의미와 효과도 발휘하지 못한 상태였다고 할 수 있겠습니다.

차례

ㄱ ----- 5   ㅇ ----- 133

ㄴ ----- 43   ㅈ ----- 174

ㄷ ----- 48   ㅊ ----- 204

ㄹ ----- 58   ㅋ ----- 223

ㅁ ----- 75   ㅌ ----- 224

ㅂ ----- 87   ㅍ ----- 230

ㅅ ----- 106   ㅎ ----- 238

가	軻 수레 **가** 사람이름 **가**	迦 부처 이름 **가** 우연히 만날 **해**	可 옳을 **가** 오랑캐임금 이름 **극**	駕 멍에 **가**
伽 절 **가**	跏 책상다리할 **가**	哿 옳을 **가**	柯 가지 **가**	街 거리 **가**
痂 딱지 **가**	訶 꾸짖을 **가** 꾸짖을 **하**	哥 성씨 **가**	袈 가사 **가**	架 시렁 **가**
嘉 아름다울 **가**	呵 꾸짖을 **가** 꾸짖을 **하** 어조사 **아**	假 거짓 **가** 멀 **하** 이를 **격**	苛 가혹할 **가**	嫁 시집갈 **가**
珂 마노 **가**	稼 심을 **가**	歌 노래 **가**	佳 아름다울 **가**	價 값 **가**
暇 틈 **가** 겨를 **가**	賈 값 **가** 장사 **고**	加 더할 **가**	家 집 **가** 여자 **고**	茄 연줄기 **가**
枷 칼 **가**	舸 큰 배 **가**	珈 머리꾸미개 **가**	坷 평탄하지 않을 **가**	斝 술잔 **가**

榎 개오동나무 **가**	檟 개오동나무 **가**	笳 갈잎피리 **가**	枷 도리깨 **가**	葭 갈대 **가**
謌 노래 **가**	豭 클 **가** 클 **하**		각	却 물리칠 **각**
閣 집 **각**	殼 껍질 **각** 내려칠 **각**	珏 쌍옥 **각** 쌍옥 **곡**	慤 성실할 **각**	角 뿔 **각** 사람이름 **녹** 평우는 소리 **곡**
刻 새길 **각**	各 각각 **각**	脚 다리 **각**	恪 삼갈 **각**	覺 깨달을 **각** 깰 **교**
愨 성실할 **각**	卻 물리칠 **각**	咯 꿩소리 **각** 토할 **각**	埆 메마른 땅 **각**	推 칠 **각**
擱 버릴 **각** 놓을 **각**	桷 망치 **각** 서까래 **각**		간	幹 줄기 **간** 주관할 **관** 우물 난간 **한**
澗 산골 물 **간**	奸 간사할 **간**	礀 산골짜기 물 **간**	杆 몽둥이 **간**	稈 볏짚 **간**

玕 옥돌 간	揀 가릴 간	看 볼 간	間 사이 간	簡 대쪽 간 간략할 간
竿 낚시대 간	干 방패/줄기 간 마를 건 들개 안	癎 간질 간	栞 표할 간 벨 간	肝 간 간
懇 간절한 간	柬 가릴 간 간략할 간	姦 간음할 간	墾 개간할 간	刊 새길 간
艮 괘 이름 간 그칠 간 은 은/끌 흔	諫 간할 간	艱 어려울 간	侃 굳셀 간	桿 난간 간 몽둥이 간
癎 간질 간	忏 다할 간 착할 한 침노할 견	慳 아낄 간	榦 산뽕나무 간 우물난간 한	秆 볏짚 간
茛 봉승아 간 물풀 간	衎 즐길 간	赶 달릴 간	迁 구할 간	齦 깨물 간 잇몸 은
矸 산돌 간 깨끗한 간	偘 굳셀 간	갈	蝎 전갈 갈 나무굼벵이 할	褐 갈색 갈 굵은 베 갈

喝	碣	葛	竭	鞨
꾸짖을 갈 목이 멜 애	비석 갈	칡 갈	다할 갈 다할 걸	말갈 갈 두건 말

曷	坴	渴	噶	楬
어찌 갈	땅이름 갈	목마를 갈 물잦을 걸 물거슬러 흐를 할	음역글자 갈	표할 갈

秸	羯	蠍	감	勘
볏짚 갈	불친양 갈 군사 갈	전갈 갈(헐)		헤아릴 감

堪	敢	紺	疳	憾
견딜 감	감희 감 구태여 감	감색 감 연보라 감	감질 감	섭섭할 감 근심할 담

邯	龕	坎	減	嵌
땅 이름 감 조나라 서울 한	감실 감	구덩이 감	덜 감	산골짜기 감

感	瞰	鑑	甘	橄
느낄 감 한할 감	굽어볼 감	거울 감	달 감	감남나무 감

戡	監	柑	鑒	坩
이길 감	볼 감	귤 감 재갈 물릴 겸	거울 감	도가니 감

垎 구덩이 **감**	嶄 험준할 **감** 산 험한모양 **참**	憨 어리석을 **감**	撼 흔들 **감**	欿 서운할 **감** 탐 할 **탐**
歛 바랄 **감** 탐 할 **함**	泔 쌀 뜨물 **감**	淦 배에 괸물 **감**	澉 싱거울 **감** 싱거울탐	矙 엿볼 **감**
轗 가기 힘들 **감**	酣 즐길 **감**	鹹 소금기 **감**	弇 덮을 **감** 땅이름 **엄**	玪 옥돌 **감** 옥이름 **겸** 옥이름 **임**
갑	鉀 갑옷 **갑**	閘 수문 **갑** 문 여닫을 **압**	甲 갑옷 **갑** 친압할 **압**	胛 어깨뼈 **갑**
匣 갑 **갑**	岬 곶 **갑**	강	強 강할 **강**	畺 지경 **강**
講 외울 **강** 얽을 **구**	慷 슬플 **강**	康 편안 **강**	江 강 **강**	堈 언덕 **강**
橿 감탕나무 **강**	剛 굳셀 **강**	姜 성씨 **강** 생강 **강**	杠 외나무다리 **강** 막대기 **공**	岡 산등성이 **강**

9

疆	鋼	降	綱	彊
지경 **강**	강철 **강**	내릴 **강** 항복할 **항**	벼리 **강**	굳셀 **강**
薑	羌	鱇	踍	糠
생강 **강**	오랑캐 **강**	아귀 **강**	세울 **강** 세울 **항**	겨 **강**
腔	舡	玒	嫌	絳
속 빌 **강** 양고기 포 **공**	배 **강** 배 **선**	옥 이름 **강** 옥 이름 **공**	편안할 **강**	진홍 **강**
崗	襁	鏗	强	顜
언덕 **강**	포대기 **강**	굳셀 **강**	강할 **강**	밝을 **강**
茳	鏹	僵	壃	忼
강리풀 **강** 궁궁이 모종 **강**	돈 **강**	쓰러질 **강**	지경 **강**	강개할 **강**
扛	殭	矼	穅	繈
들 **강**	굳어질 **강**	징검다리 **강**	겨 **강**	포대기 **강**
罡	豇	韁	傋	悾
별 이름 **강**	광저기 **강**	고삐 **강**	어리석을 **강** 무지몽매할 구 **구**	정성 **공(강)**

羫 양 갈빗대 **강** 양고기 포 **공**	襁 포대기 **강**	**개**	凱 개선할 **개**	鎧 갑옷 **개**
豈 개가 **개** 어찌 **기**	芥 겨자 **개** 작은 풀 **갈**	疥 옴 **개** 옴 **해**	改 고칠 **개**	玠 홀 **개**
憏 성낼 **개** 한숨 쉴 **희** 이를 **흘**	塏 높은 땅 **개**	愷 편안할 **개**	溉 물 댈 **개** 이미 **기**	价 클 **개** 값 **가**
蓋 덮을 **개** 어찌 **합**	慨 슬퍼할 **개**	開 열 **개** 평평할 **견**	槪 대개 **개**	個 낱 **개**
介 낄 **개** 낱 **개**	皆 다 **개**	盖 덮을 **개** 어찌 **합**	箇 낱 **개**	剴 알맞을 **개**
匃 빌 **개**	揩 문지를 **개**	槩 평미레 **개**	磕 돌 부딪는 소리 **개**	闓 열 **개**
객	客 손 **객**	喀 토할 **객**	**갱**	更 다시 **갱** 고칠 **경**

羹 국 갱 땅이름 랑(낭)	粳 메벼 갱 메벼 경	坑 구덩이 갱 산등성이 강 구들 항	硜 돌 소리 갱	賡 이을 갱
鏗 금옥 소리 갱		갹	醵 추렴할 갹 추렴할 거	
거	遽 급히 거	居 살 거 어조사 기	炬 횃불 거	倨 거만할 거
鋸 톱 거	鉅 클 거 강할 거 어찌 거	車 수레 거 수레 차	拒 막을 거 방진 구	渠 개천 거
巨 클 거 어찌 거	去 갈 거	据 근거 거	距 상거할 거 막을 거	擧 들 거
據 근거 거	踞 걸어앉을 거	祛 떨 거	駏 버새 거	呿 입 거
昍 밝을 거	秬 찰기장 거	筥 광주리 거	簴 대자리 거	胠 겨드랑이 거

12

腒 새 포 **거**	苣 상추 **거**	莒 연꽃 **거**	蕖 이을 **거**	蘧 풀이름 **거**
袪 소매 **거**	裾 옷자락 **거**		**건**	件 물건 **건**
鍵 열쇠 **건** 자물쇠 **건**	愆 허물 **건**	楗 문빗장 **건**	乾 하늘 **건** 마를 **건** 마를 **간**	腱 힘줄 **건** 힘줄 **근**
騫 이지러질 **건**	健 굳셀 **건**	蹇 절뚝발이 **건**	虔 공경할 **건**	建 세울 **건** 엎지를 **건**
巾 수건 **건**	漧 하늘 **건** 마를 **건**	建 엎지를 **건** 걸어가는모양 **율** 세울 **건**	搴 빼낼 **건**	湕 물 이름 **건**
揵 멜 **건**	犍 불깐 소 **건**	瞼 눈으로 셀 **건**	襄 출 **건**	謇 떠듬거릴 **건**
鞬 동개 **건**	蹇 밟을 **건**	**걸**	傑 뛰어날 **걸**	乞 빌 **걸** 줄 **기**

13

桀	杰	昗	朅	榤
해 걸 하왕 이름 걸	뛰어날 걸	걸 걸	갈 걸	해 걸
검	檢	瞼	黔	儉
	검사할 검	눈꺼풀 검	검을 검 귀신 이름 금	검소할 검
劍	鈐	劒	撿	芡
칼 검	비녀장 검	칼 검	단속할 검	가시연 검
겁	劫	迲	怯	刦
	위협할 겁	자래 겁 자래 가	겁낼 겁	검을 겁
刧	게	憩	偈	揭
겁탈할 겁		쉴 게	쉴 게 굳셀 걸	높이 들 게 걸 게/질 갈 세울 걸
격	激	擊	膈	格
	격할 격	칠 격	가슴 격	격식 격/가지 각 마을 락(낙) 별 이름 학
隔	覡	檄	挌	轂
사이 뜰 격	박수 격	격문 격 나무 조각으로 된 집 혁	칠 격	부딪칠 격

14

閴	骼	鬲	鴃	
고요할 격	뼈 격	막을 격 솥 력	때까치 격	
견	甄 질그릇 견 질그릇장이 진	見 볼 견 뵈올 현	犬 개 견	牽 이끌 견 끌 견
譴	遣	鵑	堅	絹
꾸짖을 견	보낼 견	두견이 견	굳을 견	비단 견
繭	肩 어깨 견 여위고 약할 혼	狷	畎	筧
고치 견		성급할 견	밭도랑 견	대 홈통 견
繾	羂	灛	鰹	縳 명주 견 흴 전
곡진할 견	올무 견	밝을 견	가물치 견	
결	訣 이별할 결 결정할 계	潔	缺 이지러질 결 머리띠 규	決 결단할 결 빠를 혈
抉	結 맺을 결 상투 계	潔	焆	趏
도려낼 결		깨끗할 결	불빛 결	뛸 결

15

玦 패옥 **결**	鍥 새길 **결**	觖 서운해 할 **결**	闋 문닫을 **결**	挈 맑을 **결**
겸	慊 찐덥지 않을 **겸** 혐의 **혐** 만족스러울 **협**	兼 겸할 **겸**	鉗 칼 **겸** 다물 **겸**	箝 재갈 먹일 **겸**
鎌 낫 **겸**	謙 겸손할 **겸** 혐의 **혐**	傔 시중들 **겸**	岭 산 작고 높은 **겸**	嗛 겸손할 **겸** 흉년 들 **겸** 원한 품을 **함**
拑 입 다물 **겸**	歉 흉년 들 **겸**	縑 합사 비단 **겸**	蒹 갈대 **겸**	黔 강 이름 **겸**
鼸 두더지 **겸**	槏 문설주 **겸**		경	淫 찰 **경**
卿 밝을 **경** 성 **경**	憬 깨달을 **경** 동경할 **경**	炅 빛날 **경** 성씨 **계**	庚 별 **경**	焢 빛날 **경** 빛날 **형**
勍 셀 **경**	瓊 구슬 **경**	梗 줄기 **경** 막힐 **경**	鯨 고래 **경**	倞 셀 **경** 밝을 **량(양)**

慶 경사 **경** 발어사 **강**	境 지경 **경**	驚 놀랄 **경**	痙 경련 **경**	卿 벼슬 **경**
耿 빛 **경**	璥 경옥 **경**	更 고칠 **경** 다시 **갱**	徑 지름길 **경** 길 **경**	璟 옥빛 **경** 옥빛 **영**
坰 들 **경**	俓 지름길 **경**	儆 경계할 **경**	傾 기울 **경**	竟 마침내 **경**
檠 도지개 **경**	競 다툴 **경**	冂 멀 **경**	硬 굳을 **경** 가로막을 **경**	冏 빛날 **경**
景 볕 **경** 그림자 **영**	京 서울 **경**	頏 빛날 **경**	絅 끌어 질 **경**	耕 밭갈 **경**
敬 공경 **경**	脛 정강이 **경**	憼 공경할 **경** 경계할 **경**	涇 통할 **경**	莖 줄기 **경**
經 지날 **경** 글 **경**	警 깨우칠 **경** 경계할 **경**	鶊 꾀꼬리 **경**	擎 들 **경**	勁 굳셀 **경**

鏡	輕	逕	磬	頃
거울 경	가벼울 경	좁은 길 경	경쇠 경	이랑/잠깐 경 반걸음 규
頸	暻	璄	京	橇
목 경	볕 경 그림자 영	옥빛 경 옥빛 영	서울 경	도지개 경
囧	坙	曔	奱	剄
빛날 경	지하수 경	밝을 경	밝을 경	목 벨 경
哽	悙	扃	㷁	煢
목멜 경	근심할 경	빗장 경	근심할 경	외로울 경
畊	綆	罄	褧	謦
밭 갈 경	두레박줄 경	빌 경	홑옷 경	기침 경
穎	駉	鯁	黥	競
홑옷 경	목장 경	생선뼈 경	묵형할 경	다툴 경
계	繫	屆	系	悸
	맬 계	이를 계	맬 계	두근거릴 계

18

係	繼	溪	桂	計
맬 계	이을 계	시내 계	계수나무 계	셀 계
鷄	季	誡	稽	啓
닭 계	계절 계	경계할 계	상고할 계	열 계
癸	棨	谿	界	械
북방 계 열째 천간 계	창 계	시내 계 다툴 혜	지경 계	기계 계
烓	階	契	磎	堺
화덕 계	섬돌 계	맺을 계 애쓸 결 부족 이름 글	시내 계	지경 계
戒	堦	瘈	禊	綮
경계할 계	섬독 계	미칠 계	계제 계	발 고운 비단 계
罽	薊	雞	髻	繫
물고기 그물 계	삽주 계	닭 계	상투 계	맬 계
고	顧	菰	故	皐
	돌아볼 고	줄 고	연고 고	언덕/못 고 부를 호

槔 마를 **고** 위로할 **호**	告 고할 **고** 뵙고 청할 **곡** 국문할 **국**	叩 두드릴 **고**	誥 고할 **고**	暠 흴 **고** 흴 **호**
藁 짚 **고**	痼 고질 **고**	姑 시어머니 **고**	皞 불알/못 **고** 넓을 **호**	沽 팔 **고**
賈 장사 **고** 값 **가**	枯 마를 **고**	苽 줄 **고**	固 굳을 **고**	鼓 북 **고**
稿 볏짚 **고** 원고 **고**	敲 두드릴 **고** 두드릴 **교** 두드릴 **학**	古 옛 **고**	孤 외로울 **고**	苦 쓸 **고** 땅이름 **호**
考 생각할 **고** 살필 **고**	尻 꽁무니 **고**	股 넓적다리 **고**	呱 울 **고**	高 높을 **고**
錮 막을 **고**	辜 허물 **고**	杲 밝을 **고** 밝을 **호**	雇 품 팔 **고** 뻐꾸기 **호**	拷 칠 **고**
膏 기름 **고**	庫 곳집 **고** 성씨 **사**	蠱 뱃속벌레 **고** 요염할 **야**	羔 새끼양 **고**	袴 바지 **고** 사타구니 **과**

攷 생각할 고 살필 고	皋 언덕 고 못 고	估 값 고	凅 얼어붙을 고	刳 가를 고
栲 북나무 고	稾 소경 고	櫜 활집 고	牯 암소 고	鹽 염지 고
瞽 소경 고	稁 볏짚 고	箍 테 고	篙 상앗대 고	糕 떡 고
罟 그물 고	羖 검은 암양 고	胯 사타구니 고	觚 술잔 고	詁 주낼 고
郜 나라 이름 고	酤 계명주 고	鈷 다리미고 고	靠 기댈 고	鴣 자고 고
鷱 작은 비들기 고	翺 날 고	鼓 울릴 고 진동할 고	곡	谷 골/곡식 곡 이름 욕 벼슬 이름 록(녹)
穀 곡식 곡 어린아이 누	哭 울 곡	梏 수갑 곡 클 각	曲 굽을 곡 누룩 곡	斛 휘 곡

21

鵠	嚳	槲	縠	觳
고니/과녁 곡 클 호 학 학	고할 곡	떡갈나무 곡	주름 비단 곡	뿔잔 곡
轂		**곤**	崑	坤
바퀴 곡			산 이름 곤	땅 곤
滾	昆	困	琨	錕
흐를 곤	맏/벌레 곤 뒤섞일 혼	곤할 곤	옥돌 곤	붉은 쇠 곤
鯤	梱	棍	袞	衮
곤이 곤	문지방 곤	몽둥이 곤 묶을 혼	곤룡포 곤	곤룡포 곤
堃	崐	悃	捆	緄
따 곤	곤륜산 곤	정성 곤	두드릴 곤	띠 곤
裍	褌	閫	髡	鶤
걷어 올릴 곤	잠방이 곤	문지방 곤	머리 깍을 곤	댓닭 곤
鵾	齫	**골**	滑	骨
댓닭 곤	이 빠질 곤		익살스러울 골 미끄러울 활	뼈 골

22

汨 골몰할 **골** 물 이름 **멱**	榾 등걸 **골**	鶻 송골매 **골**	搰 팔 **골**	
공	空 빌 **공**	拱 팔짱 낄 **공** 보옥 **공**	恐 두려울 **공**	鞏 굳을 **공**
珙 옥 **공**	蚣 지네 **공**	功 공 **공**	供 이바지할 **공**	貢 바칠 **공**
孔 구멍 **공**	公 공평할 **공**	工 장인 **공**	控 당길 **공** 칠 **강**	恭 공손할 **공**
攻 칠 **공**	共 한가지 **공**	龔 공손할 **공**	倥 어리석을 **공**	崆 산 이름 **공**
栱 두공 **공**	箜 공후 **공**	蛬 메뚜기 **공**	蛩 귀뚜라미 **공**	贛 줄 **공**
跫 발자국 소리 **공**	釭 등잔 **공**	槓 지렛대 **공**	곳	串 땅 이름 **곶** 꿸 **관** 꽤미 **천**/꼬챙이 **찬**

23

과	科 과목 **과**	跨 넘을 **과** 걸터앉을 **고**	瓜 오이 **과**	顆 낟알 **과**
戈 창 **과**	誇 자랑할 **과** 아름다울 **후** 노래할 **구**	菓 과자 **과** 실과 **과**	鍋 노구솥 **과**	果 실과/열매 **과** 강신제 **관**
寡 적을 **과**	課 공부할 **과** 과정 **과**	過 지날 **과** 재앙 **화**	侉 자랑할 **과**	堝 도가니 **과**
夥 많을 **과**	夸 자랑할 **과**	撾 칠 **과**	猓 긴꼬리 원숭이 **과**	稞 보리 **과**
窠 보금자리 **과**	蝌 올챙이 **과**	裹 쌀 **과**	踝 복사뼈 **과**	銙 대구 **과**
騍 암말 **과**	곽	郭 둘레 **곽** 외성 **곽**	廓 둘레 **곽** 클 **확**	槨 외관 **곽**
藿 콩잎/미역 **곽** 낙화 깔릴 **수**	霍 빠를 **곽**	癨 곽란 **곽**	鞹 무두질한 가죽 **곽**	椁 덧널 **곽**

관	棺 널 관	菅 골풀 관	琯 옥피리 관	錧 줏대 관 비녀장 관
館 집 관	慣 익숙할 관	串 꿸 관/꿰미 천 땅이름 곶 꼬챙이 찬	罐 두레박 관 장군 부	貫 꿸 관 당길 만
款 항목 관 정성 관	冠 갓 관	寬 너그러울 관	觀 볼 관	關 관계할 관 당길 완
舘 객사 관	寬 너그러울 관	瓘 옥 관	管 대롱 관 주관할 관	梡 도마 관 도마 완 문지를 환
官 벼슬 관	筦 너그러울 관	涫 끓을 관	輨 줏대 관	丱 쌍쌍투 관
爟 봉화 관	盥 대야 관	祼 강신제 관	鰥 빌 관	灌 물댈 관
綰 얽을 관	鑵 두레박 관	鸛 황새 관	髖 허리뼈 관	鸛 황새 관

顴 광대뼈 **관**	**괄**	适 빠를 **괄** 맞을 **적**	刮 긁을 **괄** 모진 바람 **괄**	恝 여유가 없을 **괄** 근심 없을 **개** 산 이름 **계**
括 묶을 **괄**	佸 힘쓸 **괄**	栝 노송나무 **괄**	筈 하눌타리 **괄**	聒 떠들썩할 **괄**
髺 머리 묶을 **괄**	鴰 재두루미 **괄**		**광**	胱 오줌통 **광**
侊 성찬 **광**	筐 광주리 **광**	匡 바를 **광** 앉은뱅이 **왕**	珖 옥피리 **광**	壙 뫼구덩이 **광**
曠 빌 **광** 밝을 **광**	洸 성낼 **광** 깊을 **황**	狂 미칠 **광** 개 달릴 **곽**	廣 넓을 **광**	桄 광랑나무 **광**
広 넓을 **광**	眐 빛 **광**	炚 빛 **광** 빛 **경**	鑛 쇳돌 **광**	光 빛 **광**
恇 겁낼광	框 문테 **광**	爌 불빛 환할 **광** 밝을 **황**	獷 사나울 **광**	磺 쇳돌 **광** 유황 **황**

絖 솜 **광**	纊 솜 **광**	茪 초결명 **광**	誆 속일 **광**	誑 일 **광**
괘	卦 점괘 **괘**	掛 걸 **괘**	罫 줄 **괘** 거리낄 **홰**	咼 입 비뚤어질 **괘** 입 비뚤어질 **와**
挂 그림 족자 **괘**	罣 걸 **괘**	詿 그르칠 **괘**	**괴**	愧 부끄러울 **괴**
拐 후릴 **괴**	塊 덩어리 **괴**	槐 회화나무 **괴**	傀 허수아비 **괴** 클 **괴**/클 **회**	魁 괴수 **괴**
乖 어그러질 **괴**	壞 무너질 **괴** 앓을 **회**	怪 괴이할 **괴**	媿 창피 줄 **괴**	廥 여물 관 **괴** 곳간 **피**
瑰 구슬 이름 **괴**	蒯 황모 **괴**	襘 띠 매듭 **괴**	璝 구슬이름 **괴**	
괵	馘 벨 **괵**	**굉**	宏 클 **굉**	轟 울릴 **굉** 수레소리 **굉**

肱	紘	浤	觥	訇
팔뚝 굉	끈 굉	용솟음할 굉	뿔잔 굉	큰소리 굉
閎	교	驕	姣	校
마을 문 굉		교만할 교	아리따울 교 음란할 효	학교 교
噭	郊	蛟	咬	僑
부르짖을 교 주둥이 파	들 교	교룡 교	물/새소리 교 난잡한소리 요	더부살이 교 높을 교
餃	蕎	喬	交	鮫
경단 교	메밀 교	높을 교	사귈 교	상어 교
翹	巧	膠	教	攪
뛰어날 교 꼬리 교	공교할 교	아교 교 어긋날 호 어지러운 모양 뇨(요)	가르칠 교	흔들 교
狡	皎	轎	橋	嶠
교활할 교	달 밝을 교	가마 교	다리 교 빠를 고	산 쭈뼛할 교
絞	嬌	佼	矯	較
목맬 교 초록빛 효	아리따울 교	예쁠 교	바로잡을 교	견줄/비교할 교 차이 각

憍	教	嘹	嚙	撟
교만할 교	가르칠 교	닭 욱 교	깨물 교	들 교
晈	磽	窖	趬	蹻
달빛 교	메마른 땅 교	움 교	재빠를 교	발돋움할 교
鉸	骹	鵁	齩	鄗
가위 교	발회목 교	해오라기 교	깨물 교	땅이름 교(호)
榷	噭	暞	구	矩
외나무다리 교	웃는소리 교 부르짖을 규	밝을 교		모날 구 법도 구
拘	口	咎	救	俱
잡을 구	입 구	허물 구 큰 북 고	구원할 구	함께 구 갖출 구
舊	灸	駒	玖	鉤
예 구 옛 구	뜸 구	망아지 구	옥돌 구 아홉 구	갈고리 구
歐	逑	狗	購	具
구라파 구 칠 구	싹 구	개 구	살 구	갖출 구

垢 때 구	勾 글귀 구 올가미 구 글귀 귀	邱 언덕 구	求 구할 구	鳩 비둘기 구
舅 시아버지 구 외삼촌 구	久 오랠 구	區 구분할 구 지경 구 숨길 우	毆 때릴 구	鷗 갈매기 구
珣 옥돌 구	球 공 구	毬 공 구	軀 몸 구	嘔 게울 구 기뻐할 후
柩 널 구	究 연구할 구	衢 네거리 구 갈 구	九 아홉 구 모을 규	臼 절구 구
嶇 험할 구	構 얽을 구 닥나무 구	耇 늙을 구	鉤 끌 구	謳 노래 구 따뜻해질 후
驅 몰 구	溝 도랑 구	絿 급할 구 어릴 구	苟 진실로 구 구차할 구	懼 두려워할 구
廐 마구간 구	枸 구기자 구	龜 땅 이름 구 거북 귀 터질 균	颶 구풍 구	仇 원수 구

30

瞿	句	丘	坵	耈
창 구 놀랄 구	글귀 구 올가미 구 글귀 귀	언덕 구	언덕 구	늙을 구
廐	寇	佝	俅	傴
마구간 구	도적 구	공손할 구	공손할 구	구부릴 구
韝	劬	厹	呫	姤
짤 구	수고로울 구	세모창 구	소리 높을 구	만날 구
媾	嫗	屨	岣	彀
화친할 구	할미 구	신 구	산꼭대기 구	당길 구
戵	扣	捄	搆	摳
창 구	두드릴 구	담을 구	이해 못할 구	출 구
昫	桏	漚	璆	甌
해 돋아 따뜻할 구 따뜻할 후	곱자 구	담글 구	아름다운 옥 구	사발 구
疚	痀	癯	窶	篝
오랜 구	곱사등이 구	여윌 구	가난할 구 높고 좁은 곳 루	배롱 구

31

糗	朐	蒟	蚯	裘
볶은 쌀 **구**	포 **구**	구장 **구**	지렁이 **구**	갓옷 **구**
覯	遘	釦	韝	韭
만날 **구**	만날 **구**	금테 두를 **구**	깍지 **구**	부추 **구**
鷗	鷇	鸜	匶	均
제비 **구**	새 새끼 **구**	구관조 **구**	널 **구**	때 **구**
詬	龜	국	局	鞠
꾸짖을 **구(후)**	땅 이름 **구** 거북 **귀** 터질 **균**		판 **국**	공 **국** 국문할 **국** 궁궁이 **궁**
菊	鞫	麴	國	国
국화 **국**	국문할 **국**	누룩 **국** 누룩 **부**	나라 **국**	나라 **국**
氰	掬	跼	麯	䓖
움켜뜰 **국**	움킬 **국**	구부릴 **국**	누룩 **국**	국화 **국**
군	軍	窘	群	裙
	군사 **군**	군색할 **군**	무리 **군**	치마 **군**

君	郡	捃	梱	輓
임금 **군**	고을 **군**	주울 **군**	고욤나무 **군**	틀 **군**
굴	屈 굽힐 **굴** 옷이름 **궐**	窟 굴 **굴**	堀 굴 **굴**	掘 팔 **굴** 뚫을 **궐** 서투를 **졸**
倔 고집셀 **굴**	崛 우뚝 솟을 **굴**	淈 흐릴 **굴**	詘 굽힐 **굴**	
궁	芎 궁궁이 **궁**	躬 몸 **궁**	穹 하늘 **궁**	弓 활 **궁**
窮 다할 **궁** 궁할 **궁**	宮 집 **궁**	躳 몸 **궁**	**권**	圈 우리 **권** 술잔 **권**
勸 권할 **권**	倦 게으를 **권** 문서 **권**	港 물 돌아 흐를 **권**	權 권세 **권**	捲 거둘 **권** 말 **권**
拳 주먹 **권**	卷 책/말 **권** 곤룡포 **곤**	眷 돌볼 **권**	券 문서 **권**	勌 게으를 **권**

33

惓	棬	睠	綣	蜷
삼갈 **권**	나무 그릇 **권**	돌아볼 **권**	정다울 **권**	구부릴 **권**
權		궐	獗	闕
권세 **권** 외나무다리 **권**			날뛸 **궐**	대궐 **궐**
蕨	蹶	厥	궤	詭
고사리 **궐**	넘어질 **궐** 일어설 **궐** 뛰어 일어날 **궐**	그 **궐**		속일 **궤**
軌	櫃	机	饋	潰
바퀴 자국 **궤**	궤 **궤** 느티나무 **거**	책상 **궤** 틀 **기** 모탕 **예**	보낼 **궤**	무너질 **궤** 바다 기운 **해**
佹	几	匱	憒	撅
의지할 **궤** 괴이할 **괴**	안석 **궤**	함 **궤**	심난할 **궤**	옷걷을 **궤** 칠 **궐**
樻	氿	簋	繢	跪
나무 이름 **궤**	샘 **궤**	제기 이름 **궤**	수놓을 **궤** 토끝 **회(귀)**	꿇어앉을 **궤**
闠	餽	麂	劂	
성시 바깥문 **궤**	보낼 **궤**	큰 노루 **궤**	새김칼 **궤**	

34

귀	句 글귀 **귀** 구절/올가미 **구**	歸 돌아갈 **귀**	鬼 귀신 **귀**	晷 그림자 **귀** 그림자 **구**
銳 삽 삽살술 **귀궤**의	貴 귀할 **귀**	龜 거북 **귀** 땅 이름 **구** 터질 **균**	龜 거북 **귀** 땅 이름 **구** 터질 **균**	
규	叫 부르짖을 **규**	珪 서옥 **규** 홀 **규**	圭 서옥 **규** 홀 **규**	規 법 **규**
邽 고을 이름 **규**	閨 안방 **규**	逵 길거리 **규**	葵 해바라기 **규** 아욱 **규**	硅 규소 **규** 깨뜨릴 **괵**
糾 얽힐 **규** 삿갓 가뜬할 **교**	湀 물이 솟아 흐를 **규**	窺 엿볼 **규**	槻 물프레나무 **규**	竅 구멍 **규**
赳 헌걸찰 **규**	揆 헤아릴 **규**	夔 가는 허리 **규** 허술치 않은 모양 **수**	奎 별 **규** 걸을 **규**	糺 꼴 **규**
菫 딸기 **규**	煃 불꽃 **규**	刲 찌를 **규**	巋 가파를 **규** 험준할 **귀**	暌 어길 **규**

35

楏	樛	眭	虬	跬
호밋자루 **규**	휠 **규**	사팔눈 **규**	규룡 **규**	반걸음 **규**
闚	頯	頄	嫢	潙
엿볼 **규**	머리 들 **규**	광대뼈 **규**	성 **규**	강이름 **규** 물이름 **위**
균	筠	匀	昀	鈞
	대나무 **균**	고를 **균** 나눌 **윤** 운 **운**	개간할 **균** 개간할 **윤**	서른 근 **균**
菌	均	龜	囷	麕
버섯 **균** 버섯 **훤** 버섯 **권**	고를 **균** 운 **운** 따를 **연**	터질 **균** 거북 **귀** 거북 **구**	곳집 **균**	노루 **균**
覡	匀	龜	귤	橘
크게 볼 **균**	고를 **균** 나눌 **윤** 운 **운**	터질 **균** 험준할 **귀** 가파를 **규**		귤 **귤**
극	戟	棘	隙	剋
	창 **극**	가시 **극**	틈 **극**	이길 **극** 새길 **각**
極	劇	克	亟	屐
극진할 **극** 다할 **극**	심할 **극**	이길 **극**	빠를 **극**	나막신 **극**

郄	尅	근	勤	謹
틈 극	이길 극		부지런할 근 근심할 근	삼갈 근
劤	槿	慭	墐	嫤
힘 근	무궁화 근	은근할 근	매흙질할 근	여자의 자 근
芹	筋	僅	覲	溳
미나리 근	힘줄 근	겨우 근	뵐 근	맑을 근
近	饉	根	菫	瑾
가까울 근 어조사 기	주릴 근	뿌리 근	진흙/조금 근 제비꽃 근	아름다운 옥 근
斤	巹	廑	觔	跟
근 근 도끼 근	술잔 근	겨우 근	힘줄 근	발꿈치 근
釿	靳	글	契	㔠
큰 자귀 근	가슴걸이 근		부족이름 글 맺을 계 애쓸 결	뜻 힘있을 글
금	檎	禁	芩	昑
	능금나무 금	금할 금	풀 이름 금 수초 이름 음	밝을 금

禽	衾	今	金	妗
새 금	이불 금	이제 금	쇠 금 성씨 김	외숙모 금 웃는 모양 험
錦	琴	擒	襟	衿
비단 금	거문고 금	사로잡을 금	옷깃 금	옷깃 금
唫	噤	嶔	笒	黅
입 다물 금	입 다물 금	높고 험할 금	첨대 금 대 이름 함	누른빛 금
급	急	伋	級	及
	급할 급	속일 급 움직이는 모양 파	등급 급	미칠 급
給	扱	汲	圾	岌
줄 급	미칠 급 거둘 흡 꽃을 삽	길을 급	위태할 급	높을 급
皀	笈	芨	礏	
고소할 급	책 상자 급	말오줌나무 급	산우뚝 솟을 급	
긍	兢	肯	矜	亙
	떨릴 긍	즐길 긍 뼈 사이의 살 개	자랑할 긍 창 자루 근 앓을 관	뻗칠 긍 베풀 선

亙 뻗칠 긍 베풀 선	殑 까무러칠 긍	기	旗 기 기	杞 구기자 기 나라이름 기 쟁기 시
己 몸 기	麒 기린 기	奇 기특할 기 의지할 의	欺 속일 기	玘 패옥 기
錡 가마솥 기 쇠뇌 틀 의	璂 피변 꾸미개 기 고깔꾸미개 옥 기	棋 바둑 기	祺 길할 기	寄 부칠 기
琦 옥 이름 기	鎮 호미 기	騎 말 탈 기	綺 비단 기	旣 이미 기 쌀 희
騹 준마 기	棄 버릴 기	淇 물 이름 기	祈 빌 기 산제사 궤	埼 갑 기
紀 벼리 기	企 꾀할 기	崎 험할 기	豈 어찌 기 개가 개	畿 경기 기
飢 주릴 기	忌 꺼릴 기	器 그릇 기	機 틀 기	琪 옥 이름 기 나무 이름 기

39

羈	伎	期	幾	箕
굴레 기 나그네 기	재간 기	기약할 기	몇 기	키 기 대로 기울 체
肌	起	岐	稘	汔
살가죽 기	일어날 기	갈림길 기	돌 기	물 끓는 김 기 거의 흘 소금 못 헐
技	祇	祁	畸	碁
재주 기	땅귀신 기 다만 지	성할 기	뙈지 밭 기 불구 기	돌 기
妓	夔	磯	驥	璣
기생 기	조심할 기	갈 기	천리마 기	구슬 기 별 이름 기
磯	氣	譏	饑	耆
물가 기	기운 기 보낼 희	비웃을 기	주릴 기	늙을 기 이룰 지
基	冀	嗜	記	其
터 기	바랄 기	즐길 기	기록할 기	그 기
橖	沂	暣	圻	瓅
오리나무 기	물 이름 기 지경 은	날씨 기	경기 기 지경 은	모난 구슬 기

碁	傲	剞	墍	屺
바둑 **기**	취하여 춤추는 모양 **기**	새김칼 **기**	맥질할 **기**	민둥산 **기**

庋	弃	忮	愭	掎
시렁 **기**	버릴 **기**	해칠 **기**	공손할 **기**	끌 **기**

攲	曁	棊	歧	炁
기울 **기**	및 **기**	바둑 **기**	갈림길 **기**	기운 **기**

禨	綦	羇	芰	芪
조짐 **기**	연두빛 비단 **기**	나그네 **기**	세발 마름 **기**	단너삼 **기**

蘄	夔	蟣	覬	跂
풀이름 **기**	조심할 **기**	서캐 **기**	바랄 **기**	육발이 **기**

隑	頎	鬐	鰭	旂
사닥다리 **기** 길 **해** 기댈 **개**	헌걸찰 **기**	갈기 **기**	지느러미 **기**	기 **기**

巋	恀	猉	綥	肵
산 우뚝 솟은 모양 **기**	믿을 **치** 사랑할 **기**	강아지 **기** 기린 **기**	연둣빛 **기**	적대 **기** 공경할 **근**

墍 방게 **기**	긴	繁 긴할 **긴**	길	姞 삼갈 **길**
拮 일할 **길** 죄어칠 **갈**	吉 길할 **길**	佶 헌걸찰 **길**	桔 도라지 **길**	蛣 장구벌레 **길**
김	金 성씨 **김** 쇠 **금**	낏	喫 먹을 **낏**	

나	奈 어찌 **나** 능금나무 **내**	挐 붙잡을 **나** 끌 녀(여) 도 뇨(요)	拏 붙잡을 **나**	那 어찌 **나** 어조사 **내**
儺 푸닥거리 **나**	挪 옮길 **나**	拿 잡을 **나**	奈 어찌 **나** 어찌 **내**	梛 나무 이름 **나**
懦 나약할 **나** 겁쟁이 **유**	糯 찰벼 **나** 찰벼 **난**	娜 아름다울 **나**	胗 성길 **나** 살찔 **치**	喇 나팔 **나(라)**
旂 깃발 바람에 날릴 **나**	豩 많을 **나**	詠 서로 당길 **나**	낙	諾 허락할 **낙(락)**
난	難 어려울 **난** 우거질 **나**	煖 더울 **난** 따뜻할 **훤**	暖 따뜻할 **난** 부드러울 **훤**	偄 언약할 **난**
赧 얼굴 붉힐 **난**	餪 풀보기 잔치 **난**	愞 나약할 **난** 여릴 **연**	날	捏 꾸밀 **날**
捺 누를 **날**	남	湳 물이름 **남**	楠 녹나무 이름 **남**	枏 녹나무 **남** 매화나무 **염**

南 남녘 **남** 나무 **나**	男 사내 **남**	喃 재잘거릴 **남**	납	納 들일 **납**
衲 기울 **납**	낭	囊 주머니 **낭**	娘 여자 **낭(랑)**	曩 접때 **낭**
내	乃 이에 **내** 노젖는 소리 **애**	耐 견딜 **내** 능할 **능**	內 안 **내** 들일 **납**	奈 능금나무 **내** 어찌 **나**
奈 어찌 **내** 어찌 **나**	奶 젖 **내**	嬭 젖 **내**	迺 이에 **내**	鼐 가마솥 **내**
녀	女 여자 **녀(여)**	녁	恝 허출할 **녁**	
년	撚 비틀 **년(연)**	年 해 **년(연)** 아첨할 **녕(영)**	秊 해 **년(연)** 아첨할 **녕(영)**	碾 맷돌 **년**
념	念 생각 **념(염)**	捻 비틀 **념(염)** 누를 **녑(엽)**	拈 집을 **념(염)** 달 **점**	恬 편안할 **념(염)**

녑	恢 사랑할 **녑** 사랑할 **엽**	녕	佞 아첨할 **녕(영)**	寧 편안할 **녕(영)** 편안할 **령(영)**
寗 차라리 **녕(염)**	獰 모질 **녕(영)**	儜 괴로워할 **녕(영)**	嚀 간곡할 **녕(영)**	濘 진창 **녕(영)**
노	怒 성낼 **노(로)**	奴 종 **노**	弩 쇠뇌 **노**	努 힘쓸 **노**
駑 둔한 말 **노**	瑙 마노 **노**	呶 지껄일 **노**	孥 자식 **노**	猱 산 이름 **노**
猱 원숭이 **노**	笯 새장 **노**	臑 동물의 앞다리 **노**	譹 서로 비웃을 **노** 서로 업신여길 **노**	
농	膿 고름 **농**	濃 짙은 **농**	農 농사 **농**	儂 나 **농**
噥 소곤거릴 **농**	穠 꽃나무 무성할 **농**	醲 진한 술 **농**	뇌	腦 골 **뇌** 뇌수 **뇌**

惱	餒	뇨	尿	撓
번뇌할 **뇌**	주릴 **뇌**		오줌 **뇨(요)**	어지러울 **요(뇨)** 부드럽게 할 **호**
鬧	嫋	嬲	淖	鐃
시끄러울 **뇨(요)** 시끄러울 **료(요)**	예쁠 **뇨(요)**	희학질할 **뇨(요)**	진흙 **뇨(요)**	징 **뇨(요)**
누	耨	呶	눈	嫩
	김맬 **누**	젖먹을 **누**		어릴 **눈**
눌	訥	吶	肭	
	말 더듬거릴 **눌**	말 더듬을 **눌**	살찔 **눌**	
뉴	紐	杻	鈕	忸
	맺을 **뉴(유)**	감탕나무 **뉴(유)** 수갑 **추**	인꼭지 **뉴(유)** 형구 **추**	익을 **뉴** 부끄러워 할 **뉵**
袦	뉵	衄	능	能
옷 연약할 **뉴(유)** 옷 부드러울 **뉴(유)**		코피 **뉵(육)**		능할 **능** 견딜 **내**
니	膩	尼	泥	馜
	기름질 **니(이)**	여승 **니(이)** 말릴 **닐(일)**	진흙 **니(이)** 물들일 **녈(열)**	진한향기 **니(이)**

柅	瀰	呢	怩	袮
무성할 **니(이)**	많을 **니(이)** 물가득 할 **미** 물이름 **려(여)**	소곤거릴 **니(이)**	부끄러워할 **니(이)**	아비 사랑 **니(이)**
愵	禰	닉	匿	溺
마음좋을 **니(이)**	아비사랑 **니(이)**		숨길 **닉(익)** 사악할 **특**	빠질 **닉(익)** 오줌 **뇨(요)** 약할 **약**
닐	昵	暱		
	친할 **닐(일)**	친할 **닐(일)**		

다	茶	爹	多	荼
	차 다 차 차	아버지 다 아비 다	많을 다	마름 다
夛	觰	寮	樣	
많을 다	뿔 믿동 다	아르지못할 다 아양필 다	차 다 가괘나무 도 차나무 도	
단	丹	段	袒	團
	붉을 단 정성스러울 란(난)	층계 단	웃통 벗을 단 터질 탄	둥글 단 경단 단
斷	湍	單	但	煓
끊을 단	여울 단	홑 단 오랑케이름 선	다만 단 거짓 탄	불꽃 성할 단
短	檀	旦	蛋	彖
짧을 단	박달나무 단	밝을 단	새알 단	판단할 단 돼지 시
壇	緞	端	簞	亶
단 단 평탄할 탄 소제할 선	비단 단	끝 단 헐떡일 천 홀 전	소쿠리 단	믿을 단 머뭇거릴 전 산이름 선
鍛	鄲	旦	担	慱
불릴 단	조나라 서울 단	아침 단	떨칠 단	근심할 단

椴	漙	癉	耑	胆
자작나무 **단**	이슬 많을 **단**	앓을 **단**	시초 **단**	어깨 벗을 **단**
腶	蜑	**달**	獺	澾
약포 **단**	오랑캐 이름 **단**		수달 **달** 수달 **랄(낟)**	미끄러울 **달**
撻	疸	達	妲	怛
때릴 **달**	황달 **달**	통달할 **달**	여자의 자 **달**	슬플 **달**
闥	韃	韒	**담**	膽
문 **달**	종족 이름 **달**	다룸가죽 **달** 다룸가죽 **단**		쓸개 **담**
蕁	覃	擔	憺	錟
지모 **담** 지모 **심**	깊을 **담** 날이 설 **염**	멜 **담**	참담할 **담**	창 **담** 날카로울 **섬** 서슬 **염**
曇	潭	倓	淡	啖
흐를 **담**	못 **담** 물가 **심**	고요할 **담**	맑을 **담** 질펀히 흐를 **염**	씹을 **담**
湛	痰	澹	譚	聃
괼 **담** 잠길 **침** 맑을 **잠**	가래 **담**	맑을 **담** 넉넉할 **섬**	클 **담** 말씀 **담**	귓바퀴 없을 **담**

坍	談	噉	埮	儋
무너질 담 무너질 단	말씀 담	넉넉할 담	평평한 담	멀 담
啗	噡	壜	毯	禫
먹일 담	씹을 담	술병 담	담요 담	담제 담
罎	蕁	郯	黮	黵
술병 담	치자나무 담	나라 이름 담	검을 담	문신할 담
炎	墰	답	答	遝
아름다울 담 불꽃 염	땅 이름 담		대답 답	뒤섞일 답
畓	踏	畓	당	幢
논 답	밟을 답	겹칠 답		기 당 드리워진 모양 동
糖	螳	棠	唐	戇
엿 당 엿 탕	버마재비 당 사마귀 당	아가위 당	당나라 당 당황할 당	어리석을 당
塘	當	堂	撞	鐺
못 당	마땅 당	집 당	칠 당	쇠사슬 당 솥 쟁

黨	倘	儻	搪	檔
무리 **당**	혹시 **당**	빼어날 **당**	뻗을 **당**	의자 **당**
溏	瑭	璫	瞠	礑
진창 **당**	옥 이름 **당**	귀고리 옥 **당**	볼 **당**	밑바닥 **당**
蟷	襠	讜	鏜	餳
사마귀 **당**	잠방이 **당**	곧은 말 **당**	종고 소리 **당**	엿 **당**
饄	**대**	岱	帶	臺
엿 **당**		대산 **대**	띠 **대**	대 **대**
戴	隊	玳	代	昊
일 **대**	무리 **대** 떨어질 **추** 길 **수**	대모 **대**	대신할 **대**	햇빛 **대** 클 **영**
貸	待	垈	對	袋
빌릴/꿀 **대** 틀릴 **특**	기다릴 **대**	집터 **대**	대할 **대**	자루 **대**
大	擡	黛	坮	抬
클/큰 **대** 클 **태**/클 **다**	들 **대**	눈썹먹 **대**	대 **대**	들 **대** 매질할 **태**

51

儓	懟	汏	碓	鐓
하인 대	원망할 대	일 대	방아 대	창고달 대
曇	旽	대	宅	
해 돋을 대	무성할 대		댁 댁 집 택 터질 탁	
덕	德	德	悳	
	큰 덕 덕 덕	큰 덕 덕 덕	큰 덕 덕 덕	
도	度	刀	塗	途
	법도 도 헤아릴 탁 살 택	칼 도	칠할 도 길 도	길 도
櫂	燾	萄	桃	圖
노 도	비칠 도	포도 도	복숭아 도	그림 도
韜	蹈	禱	倒	馪
감출 도 활집 도	밟을 도 슬퍼할 신	빌 도	넘어질 도	향기로울 도
到	堵	道	陶	盜
이를 도	담 도 강이름 자	길 도	질그릇 도 사람이름 요	도둑 도

屠 죽일 도 흉노 왕의 칭호 저	島 섬 도	悼 슬퍼할 도	滔 물 넘칠 도	淘 쌀 일 도
徒 무리 도	濤 물결 도 조수 주	渡 건널 도	逃 도망할 도	掉 흔들 도
跳 뛸 도 뛸 조	都 도읍 도 못 지	導 인도할 도	賭 내기 도	棹 노 도 책상 탁
覩 볼 도	稻 벼 도	搗 찧을 도	挑 돋을 도	鍍 도금할 도
嶋 섬 도	睹 볼 도	裯 복 도	鋾 쇠덩이 도	夲 나아갈 도
稌 찰벼 도	叨 탐낼 도	壔 성채 도	弢 활집 도	忉 근심할 도
慆 기뻐할 도	掏 가릴 도	搯 꺼낼 도	擣 찧을 도	檮 등걸 도

53

涂	鼗	酴	闍	鞀
도랑 도	땡땡이 도	술밑 도	망루 도	노도 도

鞱	饕	洮	菟	
감출 도	탐할 도	씻을 도(조)	호랑이 도 새삼 토	

독	纛	毒	獨	瀆
독	기 독 기 도	독 독 거북 대	홀로 독	도랑/더럽힐 독 구멍 두

牘	篤	讀	犢	禿
서찰 독	도타울 독	읽을 독 구절 두	송아지 독	대머리 독

督	櫝	黷	돈	沌
감독할 독	함 독	더럽힐 독	돈	엉길 돈 내 이름 전

敦	旽	豚	惇	頓
도타울 돈 다스릴 퇴 제기 대	밝을 돈	돼지 돈	도타울 돈	조아릴 돈 둔할 둔 흉노 왕 이름 돌

墩	暾	燉	焞	弴
돈대 돈	아침 해 돈	불빛 돈	귀갑 지지는 불 돈 성할 퇴 밝을 순	활 돈

54

潡 큰물 **돈**	疃 거룻배 **돈**	**돌**	突 갑자기 **돌**	乭 이름 **돌**
咄 꾸짖을 **돌**	埃 굴뚝 **돌**	**동**	銅 구리 **동**	疼 아플 **동** 아플 **등**
胴 큰창자 **동** 몸통 **동**	瞳 동틀 **동**	董 감독할 **동** 짧을 **종** 바로잡을 **독**	橦 나무 이름 **동** 병거 **충** 장대 **장**	烔 뜨거운 모양 **동**
蝀 무지개 **동**	朣 달 뜰 **동**	彤 붉을 **동**	冬 겨울 **동** 북소리 **동**	凍 얼 **동**
垌 항아리 **동**	同 한가지 **동**	潼 물 이름 **동** 끈적끈적 할 **종**	東 동녘 **동**	曈 눈동자 **동**
洞 골 **동** 밝을 **통**	桐 오동나무 **동**	憧 동경할 **동** 어리석을 **동**	動 움직일 **동**	童 아이 **동** 땅 이름 **종**
仝 한가지 **동**	棟 마룻대 **동**	侗 무지할 **동** 클 **통**	僮 아이 **동**	哃 큰소리칠 **동**

55

峒	涷	艟	苳	苘
산 이름 동	소나기 동	배 동	겨우살이 동	쑥갓 동
董	勭	두	兜	讀
황모 동	자랄 동		투구 두 도솔천 도	구절 두 읽을 독
阧	逗	痘	枓	杜
치솟을 두	머무를 두	역질 두	두공 두 구기 주	막을 두
斗	豆	頭	竇	荳
말/싸울 두 싸울 투 싸울 각	콩 두	머리 두	구멍 두 개천 독	콩 두
抖	斁	肚	脰	蚪
떨 두	섞을 두 싫어할 역	배 두	목 두	올챙이 두
蠧	陡	둔	鈍	屯
좀 두	험할 두		둔할 둔	진칠 둔 어려울 준
遁	臀	芚	遯	窀
숨을 둔 뒷걸음칠 준	볼기 둔	싹 나올 둔 어리석을 춘	도망할 둔 물이름 둔	광중 둔

迍	둘	乧	득	得
머뭇거릴 **둔**		음역자 **둘**		얻을 **득**
등	燈	藤	橙	嶝
	등 **등**	등나무 **등**	귤 **등** 걸상 **등**	고개 **등**
登	鄧	騰	謄	等
오를 **등**	나라 이름 **등**	오를 **등**	베낄 **등**	무리 **등**
凳	嶝	滕	磴	籐
걸상 **등**	자드락길 **등**	물 솟을 **등**	돌 비탈길 **등**	대 기구 **등**
縢	螣	鐙		
봉할 **등**	등사 **등**	등자 **등**		

라	裸	摞	剆	羅
	벗을 라(나)	정돈할 라(나)	가지 칠 라(나)	벌일 라(나) 그물 라(나)
懶	覶	螺	蘿	菻
게으를 라(나) 혐오할 뢰(뇌)	자세할 라(나)	소라 라(나)	쑥 라(나)	열매 라(나)
癩	邏	喇	鑼	儸
문둥이 라(나) 약이뜨거울 랄(날)	순라 라(나)	나팔 라(나)	징 라(나)	기민하게 처리할 라(나)
砢	臝	倮	囉	瘰
돌 쌓일 라(나)	벌거벗을 라(나)	알몸 라(나)	소리 얽힐 라(나)	연주창 라(나)
騾	贏	曬	락	樂
노새 라(나)	되강오리 라(나)	햇빛없을 라(나)		즐길 락(낙) 노래 악 좋아할 요
酪	烙	洛	駱	珞
쇠 젖 락(낙)	지질 락(낙)	물이름 락(낙)	낙타 락(낙)	구슬 목걸이 락(낙) 조약돌 력(역)
絡	落	犖	貉	
이을 락(낙) 얽을 락(낙)	떨어질 락(낙)	얼룩소 락(낙)	진한유즙 락(낙)	

58

란	丹 정성스러울 **란(난)** 붉을 **단**	欒 둥글 **란(난)** 모감주머니 **란(난)**	爛 빛날 **란(난)** 문드러질 **란(난)**	卵 알 **란(난)**
瓓 옥 광체 **란**	鸞 난새 **란**	瀾 물결 **란**	蘭 난초 **란**	亂 어지러울 **란**
欄 난간 **란** 나무이름 **련**	鑾 방울 **란**	嬾 게으를 **란**	幱 내리닫이 **란**	攔 막을 **란**
襴 난삼 **란**	闌 가로막을 **란**	欒 새어흐를 **란**	랄	剌 발랄할 **랄** 어그러질 **랄** 수라 **라**
辣 매울 **랄**	埒 바자울 **랄**	辢 매울 **랄**	람	纜 닻줄 **람**
覽 볼 **람**	嵐 남기 **람**	濫 넘칠 **람** 동이 **함**	欖 감람나무 **람**	襤 헌 누더기 **람**
婪 예쁠 **람**	籃 쪽 **람** 볼 **감**	嫨 탐할 **람**	攬 가질 **람**	蘫 오이김치 **람**

藍	擥	漤	爁	璼
쪽 람(남)	가질 람	과실 장아찌 람	불 번질 람	옥이름 람
惏	攬	랍	臘	蠟
탐할 람	거둬 잡을 람 가질 람 끌어잡을 남		섣달 랍 납향 랍	밀 랍
拉	鑞	랑	琅	廊
끌 랍	땜납 랍		옥돌 랑	사랑채 랑 행랑 랑
烺	蜋	朗	狼	瑯
빛 밝을 랑	사마귀 랑 쇠똥구리 랑	밝을 랑	이리 랑	옥돌 랑
郎	浪	郞	螂	駺
사내 랑	물결 랑	정진이름 랑 아들 랑 성 랑	사마귀 랑	꼬리 흰 말 랑
榔	閬	硠	稂	莨
나무 이름 랑	솟을 대문 랑	돌 부딪는 소리 랑	강아지 풀 랑	수크령 랑
庲	래	徠	崍	萊
높을 랑(낭) 그릇 랑(낭)		올 래 위로할 래	산이름 래	명아주 래

來 올 래	来 올 래	騋 큰 말 래	淶 강 이름 래	趚 ? 래
랭	冷 찰 랭 물소리 령	락	掠 노략질할 략	略 간략할 략 다스릴 략
畧 다스릴 략	량	糧 양식 량	輛 수레 량	涼 서늘할 량
兩 두 량 냥 냥	倆 재주 량 둘 량	量 헤아릴 량	粱 기장 량	梁 들보 량
諒 살펴 알 량 믿을 량	良 어질 량	亮 밝을 량	樑 들보 량	粮 양식 량
涼 서늘할 량	俍 좋을 량	喨 소리 맑을 량	悢 슬퍼할 량	踉 뛸 량
魎 도깨비 량	駺 꼬리 흰 말 량	려	旅 나그네 려	黎 검을 려

櫚	勵	侶	慮	盧
종려 **려**	힘쓸 **려**	짝 **려**	생각할 **려** 사실할 **록**	농막집 **려** 창 자루 **로**
閭	麗	儷	驪	礪
마을 **려**	고을 **려**	짝 **려**	검은 말 **려** 검은 말 **리**	숫돌 **려**
蠣	濾	呂	驢	戾
굴조개 **려**	거를 **려**	성씨 **려** 법칙 **려**	당나귀 **려**	어그러질 **려** 돌릴 **려** 어그러질 **태**
藜	曬	儢	厲	唳
명아주 **려**	햇살 퍼질 **려**	맘에 하기 싫을 **려**	갈 **려**	울 **려**
梠	癘	糲	膂	臚
평고대 **려**	창질 **려**	현미 **려**	등골뼈 **려**	살갗 **려**
蠡	鑢	邌	력	力
좀먹을 **려**	줄 **려(례)**	천천히 갈 **려** 더딜 **지**		힘 **력**
礫	靂	曆	瀝	轢
조약돌 **력** 뛰어날 **락**	벼락 **력**	책력 **력**	스밀 **력**	칠 **력**

歷 지날 **력** 책력 **력**	櫟 상수리나무 **력**	櫪 말구유 **력**	癧 연주창 **력**	轢 갈 **력**
酈 땅 이름 **력**	攊 칠 **력**	련	戀 그리워할 **련** 그릴 **련**	連 잇닿을 **련** 거만할 **련** 산 이름 **란**
漣 잔물결 **련**	煉 달굴 **련**	憐 불쌍히 여길 **련** 이웃 **린**	蓮 연꽃 **련**	輦 가마 **련**
孌 아름다울 **련**	鍊 불릴 **련** 단련할 **련**	聯 연이을 **련**	練 익힐 **련**	攣 걸릴 **련** 경련할 **련**
璉 호련 **련**	楝 멀구슬나무 **련**	湅 누일 **련**	臠 저민 고기 **련**	鏈 쇠사슬 **련**
鰊 물고기 이름 **련**	鰱 연어 **련**	臠 이을 **련**	렬	劣 못할 **렬**
列 벌일 **렬**	烈 매울 **렬** 세찰 **렬**	裂 찢을 **렬**	洌 맑을 **렬** 거셀 **례**	冽 맑을 **렬** 거셀 **례**

捩 비틀 **렬** 비파채 **여**	颲 사나운 바람 **렬**	挒 내걸 **렬**	렴	斂 거둘 **렴**
簾 발 **렴**	濂 물 이름 **렴** 경박할 **섬**	廉 청렴할 **렴** 살필 **렴**	殮 염할 **렴**	瀲 넘칠 **렴**
礛 거칠 숫돌 **렴**	렵	獵 사냥 **렵**	躐 밟을 **렵**	鬛 갈기 **렵**
령	領 거느릴 **령**	伶 영리할 **령**	囹 옥 **령**	翎 깃 **령**
昤 햇빛 **령**	岭 고개 **령**	鈴 방울 **령**	齡 나이 **령**	靈 신령 **령**
嶺 고개 **령**	逞 쾌할 **령** 사람 이름 **령**	零 떨어질 **령** 영령 **령** 종족 이름 **련**	澪 깨우칠 **령** 강 이름 **령**	令 하여금 **령**
玲 옥소리 **령**	等 도꼬마리 **령**	聆 들을 **령**	羚 영양 **령**	姈 슬기로울 **령**

64

怜	泠	岺	另	欞
영리할 **령** 불쌍히 여길 **련**	깨우칠 **령** 물 이름 **령**	고개 **령**	헤어질 **령**	격자창 **령**
秎	苓	蛉	輪	鴒
벼 처음 익을 **령**	도꼬마리 **령**	잠자리 **령**	사냥 수레 **령**	할미새 **령**
齢	呤	레	澧	隷
소금 **령**	말씀 **령**		강 이름 **례** 강 이름 **풍**	종 **례** 미칠 **이** 미칠 **대**
禮	例	醴	礼	隸
예도 **례**	법식 **례**	단술 **례**	예도 **례**	붙을 **례**
鱧	로	盧	潞	撈
가물치 **례**		성씨 **로** 목로 **로**	강 이름 **로**	건질 **로**
鷺	璐	輅	魯	爐
해오라기 **로** 백로 **로**	아름다운 **로**	수레 **로** 맞이할 **아** 작은 수레 **락**	노나라 **로** 노둔할 **로**	화로 **로**
蘆	瀘	露	虜	鹵
갈대 **로**	물 이름 **로**	이슬 **로**	사로잡을 **로**	소금 **로**

嚧 옷을 로 / 향로 로	櫓 방패 로	老 늙을 로	擄 노략질할 로	勞 일할 로
路 길 로 / 울짱 락	櫨 두공 로	蕗 물감나무 로	潦 큰 비 로	澇 큰 물결 로
壚 흑토 로	滷 소금밭 로	笊 검을 로	癆 중독 로	牢 우리 로
鸕 가마우지 로	艪 노 로	艫 뱃머리 로	轤 도르래 로	鑐 부레 그릇 로
鑪 화로 로	顱 머리 뼈 로	鱸 농어 로	瓐 비취옥 로	髗 머리뼈 로
虜 사로잡을 로	**록**	碌 푸른 돌 록 / 자갈땅 락	錄 기록할 록 / 사실할 려	彔 새길 록
菉 조개풀 록	鹿 사슴 록	綠 푸를 록	祿 녹 록	麓 산기슭 록

淥	漉	籭	轆	鵦
밭을 **록**	거를 **록**	대 상자 **록**	도로래 **록**	잡털 박이 새 **록(녹)**

론	論	롱	壠	弄
	논할 **론** 조리 **륜**		밭두둑 **롱**	희롱할 **롱**

瓏	朧	瀧	籠	聾
옥 소리 **롱**	흐릿할 **롱**	비 올 **롱** 여울 **랑** 물 이름 **상**	대바구니 **롱**	귀먹을 **롱**

儱	攏	曨	巃	蘢
건목칠 **롱** 미숙한 모양 **롱**	누를 **롱**	어스레할 **롱**	갈 **롱**	개여뀌 **롱**

隴	뢰	牢	賚	雷
고개 이름 **롱**		우리 **뢰**	줄 **뢰** 줄 **래**	우레 **뢰**

儡	瀨	賂	賴	磊
꼭두각시 **뢰**	여울 **뢰**	뇌물 **뢰**	의뢰할 **뢰**	돌무더기 **뢰**

頼	耒	攂	礌	礧
의뢰할 **뢰**	쟁기 **뢰**	갈 **뢰**	돌 굴려 내릴 **뢰**	바위너설 **뢰**

籟	纇	罍	蕾	誄
세구멍 통소 **뢰**	실마디 **뢰**	술독 **뢰**	꽃봉오리 **뢰**	뇌사 **뢰**
酹	료	遼	燎	瞭
부을 **뢰**		멀 **료**	횃불 **료**	밝을 **료**
料	蓼	了	聊	療
헤아릴 **료**	여뀌 **료** 클 **륙** 찾을 **로**	마칠 **료** 밝을 **료**	애오라지 **료**	병 고칠 **료** 병 **삭**
僚	寮	廖	嘹	嫽
동료 **료** 예쁠 **료**	동관 **료**	텅 빌 **료** 나라 이름 **류**	울 **료**	외조모 **료**
撩	瞭	潦	獠	繚
다스를 **료**	밝을 **료**	큰 비 **료**	밤 사냥 **료**	감길 **료**
膋	醪	鐐	飂	飇
발기름 **료**	막걸리 **료**	은 **료**	높이 부는 바람 **료**	바람 **료**
룡	龍	竜	龒	
	용 **룡** 언덕 **롱** 얼룩 **망**	용 **룡** 언덕 **롱** 얼룩 **망**	용 **룡**	

68

루	漏	懍	淚	嶁
	샐 루	정성스러울 루	눈물 루 물이 빠르게 흐르는 땅 려	봉우리 루
瘻	蔞	陋	屢	褸
부스럼 루	산쑥 루	더러울 루	여러 루	헌 누더기 루
壘	樓	累	縷	鏤
보루 루 끌밋할 뢰 귀신이름 률	다락 루	여러 루 자주 루 벌거벗을 라	실 루	새길 루
婁	耬	熡	僂	嘍
끌 루 별 이름 루	씨 뿌리는 가구 루	불꽃 루	구부릴 루	시끄러울 루
螻	髏	류	溜	瘤
땅강아지 루	해골 루		처마 물 류	혹 류
琉	類	流	劉	硫
유리 류	무리 류 치우칠 뢰	흐를 류	죽일 류	유황 류
瀏	柳	旒	謬	留
맑을 류	버들 류	깃발 류	그르칠 류	머무를 류

榴	瑠	縲	纍	遛
석류나무 **류**	맑은유리 **류**	포승 **류**	갇힐 **휴** 맬 **류**	머무를 **류**
橊	鶹	**류**	六	戮
석류나무 **류**	올빼미 **류**		여섯 **륙**	죽일 **륙**
陸	勠	**륜**	侖	輪
뭍 **륙**	합할 **륙**		생각할 **륜** 둥글 **륜**	바퀴 **륜**
淪	綸	倫	錀	崙
빠질 **윤** 물 돌아 흐를 **론**	벼리 **륜** 허리끈 **관**	인륜 **륜**	금 **륜**	산 이름 **륜**
崘	圇	掄	**률**	律
산 이름 **륜**	완전할 **륜**	가릴 **륜**		법칙 **률**
慄	崒	率	栗	瑮
떨릴 **률**	가파를 **률**	비율 **률** 거느릴 **솔** 우두머리 **수**	밤 **률** 두려워할 **률** 찢을 **렬**	옥 무늬 **률**
溧	稦	**륭**	隆	癃
강 이름 **률**	볏가지 **률**		높을 **륭**	느른할 **륭**

70

窿 활꼴 룡	륵	勒 굴레 륵	肋 갈빗대 륵 힘줄 근	泐 돌 갈라질 륵
름	廩 곳집 름 넘칠 람	澟 찰 름	凜 찰 름	菻 쑥 름
澟 서늘할 름	릉	綾 비단 릉	陵 언덕 릉	凌 업신여길 릉 얼음 릉
稜 모 날 릉	菱 마름 릉	楞 네모질 릉	倰 속일 릉	蔆 마름 릉
楞 네모질 릉		리	籬 울타리 리	離 떠날 리 붙을 려 교룡 치
理 다스릴 리	罹 걸릴 리	犂 밭 갈 리 밭 갈 려 떨 류	摛 퍼질 리	吏 벼슬아치 리 관리 리
梨 배나무 리	鯉 잉어 리	俐 똑똑할 리	涖 다다를 리	里 마을 리 속 리

71

莉	裏	利	麳	喇
말리 **리**	속 **리**	이로울 **리**	다스릴 **리** 복 **희** 보리 **래**	가는 소리 **리**
璃	狸	浬	履	痢
유리 **리**	삵 **리** 묻을 **매**	해리 **리**	밟을 **리** 신 **리**	설사 **리**
贏	厘	裡	离	犂
파리할 **리**	다스릴 **리** 가게 **전**	속 **리**	떠날 **리** 산신 **리** 도깨비 **치**	밭갈 **리** 밭 갈 **려** 떨 **류**
悧	俚	李	劙	哩
영리할 **리**	속될 **리**	오얏나무 **리** 성씨 **리**	벗길 **리**	어조사 **리**
嫠	莅	蜊	螭	貍
과부 **리**	다다를 **리**	참조개 **리**	교룡 **리**	삵 **리**
邐	魑	黐	漓	戾
이어질 **리**	도깨비 **리**	끈끈이 **리** 끈끈이 **치**	스며들 **리**	바를 **리**
린	藺	躪	燐	獜
	골풀 **린**	짓밟을 **린**	도깨비불 **린**	튼튼할 **린** 기린 **린**

鏻	吝	鄰	璘	潾
굳셀 린	아낄 린	이웃 린	옥빛 린	맑을 린
鱗	麟	撛	隣	橉
비늘 린	기린 린	붙들 린	이웃 린	나무 이름 린
粼	繗	嶙	悋	磷
물 맑을 린	이을 린	가파를 린	아낄 린	돌 틈을 물이 흐르는 모양 린
驎	躙	轔	粦	蟒
얼룩말 린 좋은말 린	짓밟을 린	수레 소리 린	도깨비불 린	반디불 린
麟	**림**	霖	琳	臨
기린 린		장마 림	알고자 할 림	임할 림
碄	林	琳	棽	淋
깊을 림	수풀 림	옥 림	무성할 림 우거질 침	임질 림 장마 림
痳	玲	**립**	粒	砬
임질 림	옥 림 옥이름 감		낟알 립	돌 소리 립

73

立	笠	岦		
설 **입** 자리 **위**	삿갓 **립**	산 우뚝할 **립**		

마	麻 삼 **마**	馬 말 **마**	媽 어머니 **마** 어머니 **모**	磨 갈 **마**
瑪 차돌 **마**	魔 마귀 **마**	碼 무늬있는 돌 **마** 마노 **마**	痲 저릴 **마**	摩 문지를 **마**
劘 깎을 **마**	螞 말거머리 **마**	麼 잘 **마**	蟇 두꺼비 **마**	
막	幕 장막 **막** 화폐의 뒷면 **만**	寞 고요할 **막**	莫 없을 **막** 저물 **모** 덮을 **멱**	膜 꺼풀/막 **막** 오랑캐 절 **모**
漠 넓을 **막** 사막 **막**	邈 멀 **막**	瞙 눈 흐릴 **막**	鏌 칼 이름 **막**	
만	娩 낳을 **만** 번식할 **반**	漫 흩어질 **만**	蠻 오랑캐 **만**	巒 뫼 **만** 뫼 **란**
彎 굽을 **만**	萬 일만 **만**	滿 찰 **만**	曼 길게 끌 **만**	鏋 금 **만**

慢	晚	饅	卍	挽
거만할 **만**	늦을 **만**	만두 **만**	만자 **만**	당길 **만**
鰻	灣	蔓	瞞	輓
뱀장어 **만**	물굽이 **만** 물에 적셨다 말릴 **탄**	덩굴 **만**	속일 **만** 부끄러워할 **문**	끌 **만** 애도할 **만**
万	墁	嫚	幔	縵
일만 **만**	흙손 **만**	업신여길 **만**	막 **만**	무늬 없는 비단 **만**
謾	鏝	鬘	蹣	
속일 **만**	흙손 **만**	머리 장식 **만**	넘을 **만** 비틀거릴 **반**	
말	襪	末	韤	沫
	버선 **말**	끝 **말**	말갈 **말** 버선 **말**	물거품 **말**
茉	叒	抹	秣	帕
말리 **말**	끝 **말** 끝 끗	지울 **말**	꼴 **말**	머리띠 **말** 머리띠 **파**
망	望	輞	邙	芒
	바랄 **망** 보름 **망**	바퀴 테 **망**	북망산 **망**	까끄라기 **망** 황홀할 **황**

網	茫	妄	罔	忙
그물 망	아득할 **망** 황홀할 **황**	망령될 **망**	그물 **망** 없을 **망**	바쁠 **망**
忘	亡	望	莽	惘
잊을 망	망할 **망** 없을 **무**	바랄 **망** 보름 **망**	우거질 **망** 우거질 **무**	멍할 **망**
汒	漭	莾	魍	
황급할 망	넓을 망	우거질 **망** 우거질 **무**	도깨비 **망**	
매	媒	罵	邁	妹
	중매 매	꾸짖을 매	갈 매	누이 매
苺	梅	賣	寐	埋
딸기 매	매화 매	팔 매	잘 매	묻을 매
煤	每	買	昧	魅
그을음 매	매양 매	살 매	어두울 매	매혹할 **매** 도깨비 **매** 도깨비 **미**
枚	楳	沬	玫	眛
낱 매	매화나무 매	땅 이름 매	매괴 매	어두울 매

莓	酶	霉	呆	
나무딸기 매	술밑 매	매우 매	어리석을 매 비틀거릴 반	
맥	陌	貃	驀	麥
	길 맥	맥국 맥	말 탈 맥	보리 맥
脈	貘	貊	**맹**	盲
줄기 맥	짐승 이름 맥	맥국 맥		소경 맥 눈멀 맹 바라볼 망
孟	萌	氓	猛	盟
맏 맹	움 맹 활량나물 명 있을 몽	백성 맹	사나울 맹	맹세 맹
甍	甿	蝱	**먹**	覓
용마루 맹	백성 맹	등에 맹		찾을 멱
冪	幎	**면**	沔	面
덮을 멱	덮을 멱		물 이름 면 빠질 면	낯 면 밀가루 면
免	麵	緬	冕	棉
면할 면 해산할 문	밀가루 면	멀 면 가는 실 면	면류관 면	목화 면

勉 힘쓸 **면**	綿 솜 **면** 이어질 **면**	眄 곁눈질할 **면** 곁눈질할 **묜**	麵 밀가루 **면**	眠 잘 **면** 볼 **민**
俛 힘쓸 **면**	湎 빠질 **면**	緜 햇솜 **면** 깃술 **묘**	멸	蔑 업신여길 **멸**
滅 꺼질 **멸** 멸할 **멸**	篾 대 껍질 **멸**	㠑 모독할 **멸**	명	鵬 초명새 **명**
明 밝을 **명**	楍 홈통 **명**	溟 바다 **명** 가랑비 오는 모양 **멱**	銘 새길 **명**	冥 어두울 **명** 어두울 **면**
鳴 울 **명**	茗 차 싹 **명**	眀 눈 밝을 **명**	名 이름 **명**	慏 너그러울 **명**
命 목숨 **명**	洺 강 이름 **명**	酩 술 취할 **명**	皿 그릇 **명**	瞑 눈 감을 **명** 잘 **면**
暝 저물 **명**	蓂 명협 **명**	螟 멸구 **명**	메	袂 소매 **메**

모	橅 법 모 법 무	母 어머니 모	摹 베낄 모	帽 모자 모
牡 수컷 모	慕 그릴 모	瑁 옥홀 모 대모 매	模 본뜰 모 모호할 모	耗 소모할 모 소식 모
茅 띠 모	摸 본뜰 모 더듬을 막	貌 모양 모 모사할 막	冒 무릅쓸 모 선우 이름 묵	姆 유모 모 유모 무
謀 꾀 모	矛 창 모	募 모을 모 뽑을 모	芼 우거질 모	毛 터럭 모
侮 업신여길 모	暮 저물 모	眸 눈동자 모	某 아무 모 매화 매	謨 꾀 모
牟 소 우는 소리 모 보리 모 어두울 무	軞 병거 모	慔 힘쓸 모	侔 가지런할 모	姥 할미 모
媌 강샘할 모	嫫 예쁠 모	恈 탐할 모	旄 깃대 장식 모	皃 얼굴 모

眊	耄	蝥	蟊	髦
눈 흐릴 **모**	늙은이 **모**	해충 **모**	해충 **모**	다팔머리 **모**
목	牧	目	沐	鶩
	칠 **목**	눈 **목**	머리 감을 **목**	집오리 **목**
睦	穆	木	苜	
화목할 **목**	화목할 **목**	나무 **목**	거여목 **목**	
몰	沒	歿	몽	夢
	빠질 **몰**	죽을 **몰** 자를 **문**		꿈 **몽**
蒙	朦	幪	懞	曚
어두울 **몽**	흐릴 **몽**	덮을 **몽**	어두울 **몽**	어두울 **몽**
濛	瞢	矇	艨	雺
가랑비 올 **몽**	어두울 **몽**	청맹과니 **몽**	싸움배 **몽**	안개 **몽**
鸏	濛	묘	畝	墓
비둘기 **몽**	이슬비 **몽**		이랑 **묘** 이랑 **무**	무덤 **묘**

妙 묘할 묘	描 그릴 묘	杳 아득할 묘 아득할 요	苗 모 묘	卯 토끼 묘 넷째 지지 묘
錨 닻 묘	昴 별 이름 묘	廟 사당 묘	渺 아득할 묘	猫 고양이 묘
竗 묘할 묘	淼 물 아득할 묘	眇 애꾸눈 묘	貓 고양이 묘	藐 멀 묘 멀 막
无 	武 호반 무	茂 무성할 무	貿 무역할 무	畝 이랑 무 이랑 묘
繆 얽을 무 사당치레 목 틀릴 류	珷 옥돌 무	毋 말 무 관직이름 모	拇 엄지손가락 무	霧 안개 무
憮 어루만질 무 아리따울 후 클 호	蕪 거칠 무	舞 춤출 무	巫 무당 무	懋 무성할 무
無 없을 무	橅 법 무 법 모	誣 속일 무	鵡 앵무새 무	撫 어루만질 무

楙 무성할 **무**	戊 천간 **무** 창 **모**	務 힘쓸 **무** 업신여길 **모**	无 없을 **무**	儛 춤출 **무**
嘸 분명하지 않을 **무**	廡 집 **무**	膴 포 **무**	騖 달릴 **무**	
묵	墨 먹 **묵** 교활할 **미**	默 잠잠할 **묵**	嘿 고요할 **묵**	
문	抆 닦을 **문** 어루만질 **민**	炆 따뜻할 **문**	門 문 **문**	紋 무늬 **문**
蚊 모기 **문**	文 글월 **문**	聞 들을 **문**	問 물을 **문**	刎 목 벨 **문**
吻 입술 **문**	們 들 **문**	汶 물 이름 **문** 산 이름 **민**	雯 구름 무늬 **문**	紊 어지러울 **문** 문란한 **문**
捫 어루만질 **문**	璊 붉은 옥 **문**	悗 잊을 **문** 의혹할 **만**	懣 번민할 **문(만)**	

물	物 물건 **물**	沕 아득할 **물** 아득할 **매** 잠길 **밀**	勿 말 **물** 털 **몰**	
미	瀰 물 가득할 **미** 많을 **니** 물 이름 **려**	尾 꼬리 **미**	媚 아첨할 **미** 예쁠 **미**	煝 빛날 **미**
米 쌀 **미**	伅 어루만질 **미**	楣 문미 **미**	梶 나무 끝 **미**	味 맛 **미** 광택 **매**
渼 강 이름 **미**	嵋 산 이름 **미**	彌 미륵 **미** 두루 **미**	娓 장황할 **미**	眉 눈썹 **미**
未 아닐 **미**	美 아름다울 **미**	靡 쓰러질 **미** 갈 **마**	謎 수수께끼 **미**	嬺 착하고 아름다울 **미**
微 작을 **미**	瑂 옥돌 **미**	黴 곰팡이 **미** 매우 **미** 곰팡이 **매**	薇 장미 **미**	躾 가르칠 **미**
嵄 산 **미**	媄 아름다울 **미**	迷 미혹할 **미**	湄 물가 **미** 더운 물 **난**	渼 물놀이 **미**

弥 미륵 미 두루 미	濔 물가 미	采 점점 미	蘪 천궁 미	媺 착하고 아름다울 미
亹 힘쓸 미	弭 활고자 미	敉 어루만질 미	麋 큰 사슴 미	瀰 물 넓을 미
獼 원숭이 미	糜 죽 미	縻 고삐 미	蘼 장미 미	茉 맛 미
寀 깊이 들어갈 미	민	民 백성 민	脗 꼭 맞을/입술 문 물결 가없는 모양 민	敯 강인할 민 어지러울 분
緡 낚싯줄 민 새 우는 소리 면	潤 물졸졸 흘러내릴 민	岷 산 이름 민	泯 망할 민 뒤섞일 면	鈱 돈꿰미 민
旻 화할 민 하늘 민	閔 성씨 민 위문할 민	閩 종족 이름 민	敏 민첩할 민	悶 답답할 민
懑 총명할 민 근심할 민	𥃩 볼 민	珉 옥돌 민	憫 민망할 민	忞 힘쓸 민 어지러울 문

85

忞	旻	頙	暋	玟
근심할 민	하늘 민	강할 민	굳셀 민	아름다운 돌 민
忟	瑉	砇	碈	罠
힘쓸 민 어지러울 문	옥돌 민	옥돌 민	옥돌 민	낚시줄 민
瑌	苠	瑉	緡	鳘
옥돌 민	속대 민	옥돌 민	낚시줄 민 연이을 면	다금바리 민
黽	밀	蜜	密	謐
힘쓸 민 맹꽁이 맹 고을이름 면		꿀 밀	빽빽할 밀	고요할 밀
樒	滵			
침향 밀	빨리 흐르는 모양 밀			

박	博 넓을 박	拍 칠 박 어깨 박	撲 두드릴 박 두드릴 복	鉑 금박 박
泊 머무를 박 배 댈 박 잔물결 백	珀 호박 박 호박 백	粕 지게미 박	薄 엷을 박 동자기둥 벽 풀 이름 보	朴 성씨 박 칠 복 성씨 부
雹 우박 박	駁 논박할 박 얼룩말 박	樸 순박할 박 나무 빽빽할 복	迫 핍박할 박	箔 발 박
舶 배 박	縛 얽을 박	剝 벗길 박	膊 팔뚝 박	璞 옥돌 박
亳 땅 이름 박	欂 두공 박	髆 박공 박	鎛 종 박	駮 짐승 이름 박
髆 어깻죽지 뼈 박	반	豳 얼룩 반 나라 이름 빈	伴 짝 반	叛 배반할 반
頒 나눌 반 머리 클 분	飯 밥 반	般 가지 반 일반 반	畔 밭두둑 반 배반할 반	泮 물가 반 녹을 반

礬	槃	班	磻	返
명반 **반** 명반 **번**	쟁반 **반**	나눌 **반**	강 이름 **반** 강 이름 **번** 돌살촉 **파**	돌이킬 **반**
盻	瘢	磐	潘	絆
눈 예쁠 **반** 날 새려 할 **분**	흉터 **반**	너럭바위 **반**	성씨 **반** 뜨물 **반** 넘칠 **번**	얽어맬 **반**
盤	斑	拌	蟠	半
소반 **반**	얼룩 **반** 아롱질 **반**	버릴 **반** 쪼갤 **반**	서릴 **반**	반 **반**
攀	搬	反	攽	媻
더위잡을 **반**	옮길 **반**	돌이킬 **반** 돌아올 **번** 어려울 **번**	나눌 **반**	비틀거릴 **반**
扳	擘	朌	胖	頖
끌어당길 **반**	덜 **반**	나눌 **반** 머리 클 **분**	클 **반** 희생 반쪽 **판**	학교 이름 **반**
螌	발	魃	潑	跋
가리 **반**		가뭄 **발**	물 뿌릴 **발**	밟을 **발**
鉢	勃	渤	醱	撥
바리때 **발**	노할 **발**	나라 이름 **발** 물소리 **발**	술 괼 **발**	다스릴 **발**

發 필 **발**	拔 뽑을 **발** 무성할 **패**	髮 터럭 **발**	哱 어지러울 **발**	浡 일어날 **발**
脖 배꼽 **발**	鈸 방울 **발**	鵓 집비둘기 **발**	炦 불기운 **발**	
방	膀 오줌통 **방**	肪 살찔 **방**	昉 밝을 **방** 찾을 **방**	榜 방 붙일 **방** 도지개 **병**
方 모 **방** 본뜰 **방** 괴물 **망**	磅 돌 떨어지는 소리 **방**	蒡 우엉 **방**	坊 동네 **방**	芳 꽃다울 **방**
滂 비 퍼부을 **방**	蚌 방합 **방**	邦 나라 **방**	謗 헐뜯을 **방**	傍 곁 **방**
枋 다목 **방** 자루 **병**	旁 곁 **방** 달릴 **팽**	倣 본뜰 **방**	紡 길쌈 **방**	防 막을 **방**
彷 헤맬 **방** 비슷할 **방**	放 놓을 **방**	妨 방해할 **방**	龐 어지로울 **방** 충실할 **롱**	幫 도울 **방**

89

舫	房	訪	尨	幫
방주 **방**	방 **방**	찾을 **방**	삽살개 **방** 어지로울 **봉**	도울 **방**
仿	厖	徬	搒	旊
헤맬 **방**	클 **방**	시중들 **방**	배 저을 **방**	옹기장 **방**
梆	牓	觖	螃	鎊
목어 **방**	패 **방**	배 **방**	방게 **방**	깎을 **방**
髣	魴	배	俳	培
비슷할 **방**	방어 **방**		배우 **배** 어정거릴 **배**	북을 돋을 **배** 언덕 **부** 탈 **배**
倍	胚	背	拜	杯
곱 **배** 등질 **패**	아기 밸 **배**	등 **배** 배반할 **배**	절 **배** 뺄 **배**	잔 **배**
賠	排	北	陪	湃
물어줄 **배**	밀칠 **배** 풀무 **배**	달아날 **배** 북녘 **북**	모실 **배**	물결칠 **배**
褙	配	焙	輩	徘
속적삼 **배**	나눌 **배** 짝 **배**	불에 쬘 **배**	무리 **배**	어정거릴 **배**

裴 성씨 배 치렁치렁할 배 고을 이름 비	襃 성씨 배 치렁치렁할 배 고을 이름 비	盃 잔 배	坏 뒷 담 배 신이름 배	扒 뺄 배
琲 구슬꿰미 배	蔕 황배풀 배 꽃봉우리 배	貝 조개 패	蓓 꽃봉우리 배	
백	百 일백 백 힘쓸 맥	佰 일백 백 밭두둑 맥	魄 넋 백 재강 박 영락할 탁	帛 비단 백
柏 측백 백	白 흰 백	伯 맏 백 우두머리 패 길 맥	苩 성씨 백 꽃 파	栢 측백 백
趙 급할 백 넘을 백	珀 호박 백(박)	번	幡 깃발 번 날 번	樊 울타리 번
煩 번거로울 번	蕃 우거질 번 고을 이름 피	燔 사를 번	繁 번성할 번 뱃대끈 반 날렵할 민	飜 번역할 번 날 번
藩 울타리 번	磻 강 이름 번 강 이름 반 돌살촉 파	番 차례 번 날랠 파 땅 이름 반	翻 날 번	繙 되풀이 풀이할 번

膰	蘩	袢	벌	伐
제사 고기 **번**	산흰쑥 **번**	속옷 **번**		칠 **벌**
罰	閥	筏	橃	蔫
벌할 **벌**	문벌 **벌**	뗏목 **벌**	떼 **벌**	풀 시들시들할 **벌**
범	範	杋	帆	汎
	법 **범**	뗏목 **범**	돛 **범**	뜰 **범** 물 이름 **범** 뜰 **봉**
梵	氾	范	釩	泛
불경 **범**	넘칠 **범** 성 **범** 나라이름 **범**	성씨 **범** 법 **범**	떨칠 **범**	뜰 **범** 물소리 **핍** 엎을 **봉**
凡	渢	犯	瀃	笵
무릇 **범**	물소리 **풍** 풍류 소리 **범**	범할 **범**	뜰 **범**	법 **범**
驃	訊	법	法	琺
말 달릴 **범**	말많을 **범**		법 **법**	법랑 **법**
벽	劈	壁	辟	闢
	쪼갤 **벽**	벽 **벽**	피할 **피** 임금 **벽** 비유할 **비**	열 **벽**

檗 황벽나무 **벽** 황벽나무 **백**	霹 벼락 **벽**	擘 엄지손가락 **벽**	僻 궁벽할 **벽** 피할 **피**	璧 구슬 **벽**
癖 버릇 **벽**	碧 푸를 **벽**	蘗 황경나무 **벽** 그루터기 **얼** 승검초 **폐**	擗 가슴 칠 **벽**	甓 벽돌 **벽**
襞 주름 **벽**	鷿 논병아리 **벽**	鼊 거북 **벽**	鸓 가를 **벽**	
변	弁 고깔 **변** 즐거워할 **반** 갖출 **판**	便 똥오줌 **변** 편할 **편**	卞 성씨 **변** 법 **변**	變 변할 **변**
辯 말씀 **변** 두루 미칠 **편**	辨 분별할 **변** 갖출 **판** 깎아내릴 **폄**	邊 가 **변**	采 분별할 **변** 갖출 **판** 두루 **편**	忭 기뻐할 **변**
抃 손뼉 칠 **변**	籩 제기 이름 **변**	胼 굳은살 **변**	駢 더할 **변**	辮 땋을 **변**
骿 통갈비 **변**	鴘 매 **변**	駢 두 말이 한 멍에 맬 **변** 나란히 할 **병**	별	別 나눌 **별** 다를 **별**

襒	莂	鼊	瞥	鷩
털 별	모종낼 별	자라 별	깜짝할 별 침침할 폐	금계 별
鱉	彆	馝	馠	勛
자라 별	활 뒤틀릴 별	향기 별 향기날 함	조금 향내날 별 약나무이름 별	큰 별 힘셀 별
炦	병	屛	倂	病
불기운 별		병풍 병	아우를 병	병 병
丙	鉼	兵	瓶	抦
남녘 병 셋째 천간 병	판금 병	병사 병	병 병	잡을 병
炳	秉	輧	昞	柄
불꽃 병 밝을 병	잡을 병	수레 병 수레 변	불꽃 병 밝을 병	자루 병
幷	竝	餠	騈	棅
아우를 병	나란히 병 곁 방 짝할 반	떡 병	나란히 할 병 나란히 할 변	자루 병
昺	并	並	絣	缾
불꽃 병 밝을 병	아우를 병	나란히 병	이을 병 명주 붕	두레박 병

鈵	鉼	迸	보	輔
굳을 병	판금 병	흩어져 달아날 병		도울 보
菩	寶	保	洑	俌
보살 보 향초 이름 배	보배 보	지킬 보	보 보 스며흐를 복	도울 보
步	渁	補	甫	報
걸음 보	보 보	기울 보 도울 보	클 보 채마밭 포	갚을 보 알릴 보
潽	譜	褓	普	歩
물 이름 보	족보 보	포대기 보	넓을 보	걸음 보
珤	珤	宝	堡	睗
보배 보	보배 보	보배 보	작은 성 보	볼 보
簠	葆	鴇	黼	玨
제기 이름 보	풀 더부룩할 보	능에 보	수 보	옥 그릇 보
盙	寚	복	宓	複
제기이름 보	보배 보		성씨 복 잠잠할 밀	겹칠 복 겹칠 부

茯	覆	匐	輻	蔔
복령 **복**	다시 **복** 덮을 **부**	길 **복**	바퀴살 **복** 바퀴살 **폭** 몰려들 **부**	무 **복**
腹	伏	福	輹	服
배 **복**	엎드릴 **복** 안을 **부**	복 **복** 간직할 **부**	복토 **복**	옷 **복**
馥	鍑	鰒	卜	復
향기 **복** 화살 꽂히는 소리 **벽**	솥 **복**	전복 **복**	점/무 **복** 짐바리 **짐**	회복할 **복** 다시 **부**
僕	璞	幞	扑	濮
종 **복**	흙덩이 **복**	건 **복**	칠 **복**	강 이름 **복**
箙	菔	蝠	蝮	鵬
전동 **복**	무 **복**	박쥐 **복**	살무사 **복**	새 이름 **복**
본	本	볼	甹	
	근본 **본**		음역자 **볼** 땅 이름 **폴**	
봉	鋒	封	峯	縫
	칼날 **봉**	봉할 **봉**	봉우리 **봉**	꿰맬 **봉**

逢	鳳	蓬	棒	燧
만날 **봉**	봉황새 **봉**	쑥 **봉**	막대 **봉**	봉화 **봉** 연기 자욱할 **봉**
烽	澧	蜂	琫	捧
봉화 **봉**	내이름 **봉**	벌 **봉**	칼집 장식 **봉**	받들 **봉**
俸	奉	峰	浲	芃
녹 **봉**	받들 **봉**	봉우리 **봉**	물 이름 **봉**	풀 무성할 **봉**
丰	夆	篷	莑	縫
예쁠 **봉**	끌 **봉**	뜸 **봉**	풀 무성할 **봉**	꿰맬 **봉**
鷪 봉새 **봉** 꿩 **궉**	부	跗 책상다리 할 **부**	付 줄 **부**	賻 부의 **부**
傅	浮	艀	負	腐
스승 **부**	뜰 **부**	작은 배 **부**	질 **부**	썩을 **부**
荸	芙	腑	否	埠
갈대청 **부** 굶어죽을 **표**	연꽃 **부**	육부 **부**	아닐 **부** 막힐 **비**	부두 **부**

97

敷 펼 부	符 부호 부	孵 알 깔 부	缶 장군 부 두레박 관	溥 펼 부 넓을 보 물 모양 박
部 떼 부 거느릴 부	訃 부고 부	復 다시 부 회복할 복	膚 살갗 부	府 마을 부
夫 지아비 부	赴 다다를 부 갈 부	附 붙을 부	孚 미쁠 부	釜 가마 부
婦 며느리 부	俯 구부릴 부	簿 문서 부 잠박 박 얇을 박	吩 분부할 부 불 부	扶 도울 부 기어갈 포
阜 언덕 부	不 아닐 부 아닐 불	賦 부세 부	副 버금 부 쪼갤 복 쪼갤 핍	剖 쪼갤 부
富 부유할 부	駙 곁마 부	父 아버지 부 아비 부 자 보	鳧 오리 부	斧 도끼 부
俘 사로잡을 부	抔 움킬 부	拊 어루만질 부	掊 그러모을 부	桴 마룻대 부

榑	涪	玞	祔	箁
부상 **부**	물거품 **부**	옥돌 **부**	합사할 **부**	풀이름 **부**
罘	罦	跗	芣	苻
그물 **부**	그물 **부**	장부 **부**	질경이 **부**	귀목풀 **부**
蔀	蚨	蜉	裒	踾
빈지문 **부**	파랑강충이 **부**	하루살이 **부**	모을 **부**	발등 **부**
鈇	頫	鮒	麩	媍
도끼 **부**	머리 숙일 **부**	붕어 **부**	밀기울 **부**	며느리 **부**
裺	북	北	분	紛
나들이 옷 **부**		북녘 **북** 달아날 **배**		어지러울 **분**
芬	奮	糞	分	雰
향기 **분**	떨칠 **분**	똥 **분**	나눌 **분** 푼 **푼**	눈 날릴 **분**
噴	忿	昐	粉	焚
뿜을 **분**	성낼 **분**	햇빛 **분**	가루 **분**	불사를 **분**

扮	吩	汾	奔	賁
꾸밀 분	분부할 분 뿜을 분	클 분	달릴 분	클 분 꾸밀 비 땅 이름 륙
盆	憤	墳	坌	枌
동이 분	분할 분	무덤 분	먼지 분	나무 이름 분
棼	棻	氛	湓	濆
마룻대 분	향내 나는 나무 분	기운 분	용솟음할 분	뿜을 분
犇	畚	砏	笨	朌
달아날 분	삼태기 분	큰소리 분	거칠 분	머리 클 분
膹	蕡	轒	黺	鼢
곰국 분	들깨 분	병거 분	옷에 오색 수놓을 분	두더지 분
帉	体	불	彿	佛
걸레 분	용렬할 분 몸 체		비슷할 불	부처 불 일어날 발 도울 필
弗	拂	不	岪	祓
아닐 불 말 불	떨칠 불 도울 필	아닐 불 아닐 부	산길 불	푸닥거리할 불

紱	艴	茀	韍	髴
인끈 **불**	발끈할 **불**	풀 우거질 **불**	폐슬 **불**	비슷할 **불**

黻	붕	繃	崩	硼
수 **불**		묶을 **붕**	무너질 **붕**	붕사 **붕** 돌 소리 **평**

棚	鵬	朋	堋	鬅
사다리 **붕**	붕새 **붕** 붕새 **봉**	벗 **붕**	광중 **붕**	머리 흐트러질 **붕**

漰	비	誹	沸	脾
물결치는 소리 **붕**		헐뜯을 **비**	끓을 **비** 용솟음할 **불** 어지럽게 날 **배**	지라 **비**

飛	裨	鼻	蜚	非
날 **비**	도울 **비**	코 **비**	바퀴 **비** 날 **비**	아닐 **비** 비방할 **비**

婢	菲	泌	翡	費
여자 종 **비**	엷을 **비**	분비할 **비** 스며흐를 **필**	물총새 **비**	쓸 **비**

斐	臂	枇	庇	肥
문채 날 **비**	팔 **비**	비파나무 **비**	덮을 **비** 허물 **자**	살찔 **비**

101

悲	妃	粃	碑	匪
슬플 비	왕비 비 짝지을 배	쭉정이 비 더럽힐 필	비석 비	비적 비 나눌 분
祕	備	譬	扉	庀
숨길 비 심오할 필	갖출 비	비유할 비	사립문 비	다스릴 비
琵	棐	比	批	痺
비파 비	도울 비 땅이름 비	견줄 비	비평할 비 거스를 별	저릴 비 왜소할 비 암메추라기 비
蔥	匕	毗	丕	卑
삼갈 비	비수 비	도울 비	클 비	낮을 비
鄙	砒	秕	芾	榧
더러울 비 마을 비	비상 비	쭉정이 비 더럽힐 비	작은 모양 비 우거질 불 슬갑 필	비자나무 비
緋	憊	毘	秘	丕
비단 비	고단할 비	도울 비	숨길 비 심오할 필	클 비
霏	俾	馡	伾	仳
눈 펄펄 내릴 비	더할 비	향기로울 비	힘셀 비	떠날 비

荆	圮	培	妣	屁
발 벨 비	무너질 비	더할 비	죽은 어미 비	방귀 비

庳	悱	椑	沘	淝
집 낮을 비	표현 못할 비	술통 비	강 이름 비	강 이름 비

渼	濞	狒	狉	痞
강 이름 비	물소리 비	비비 비	삵의 새끼 비	뱃속 결릴 비

痺	睥	篦	紕	羆
저릴 비	흘겨볼 비	빗치개 비	가선 비	큰 곰 비

腓	芘	萆	蓖	蚍
장딴지 비 피할 비	풀 이름 비	비해 비	아주까리 비	왕개미 비

貔	贔	轡	邳	郫
비휴 비	힘쓸 비	고삐 비	클 비	고을 이름 비

閟	陴	鞴	騑	騛
문 닫을 비	성가퀴 비	풀무 비	곁마 비	빠른 말 비

			빈	濱
髀 넓적다리 비	鼙 작은북 비			물가 빈
貧 가난할 빈	檳 빈랑나무 빈	繽 어지러울 빈	玭 구슬 이름 빈	擯 물리칠 빈
賓 손 빈	馪 향기 빈	瀕 물가 빈 가까울 빈	殯 빈소 빈	頻 자주 빈
斌 빛날 빈	彬 빛날 빈 밝을 반	邠 나라 이름 빈	儐 인도할 빈	霦 옥 광채 빈
豳 나라 이름 빈 얼룩 반	浜 물가 빈 선거 병	牝 암컷 빈	嬪 궁녀 벼슬 이름 빈	璸 구슬 이름 빈
嚬 찡그릴 빈	鑌 강철 빈	份 빛날 빈 부분 분	馪 향내 뭉클 날 빈	矉 찡그릴 빈
臏 종지뼈 빈	蘋 네가래 빈	顰 찡그릴 빈	鬢 살쩍 빈	贇 사람이름 빈 예쁠 윤

104

빙	憑	騁	聘	氷
	기댈 **빙**	달릴 **빙**	부를 **빙**	얼음 **빙** 엉길 **응**
凭	娉			
기댈 **빙**	장가들 **빙**			

사	些 적을 **사**	死 죽을 **사**	謝 사례할 **사**	思 생각 **사** 수염이 많을 **새**
俟 기다릴 **사** 성씨 **기**	傞 잘게 부술 **사** 잘게 부술 **새**	邪 간사할 **사** 그런가 **야** 나머지 **여**	唆 부추길 **사**	司 맡을 **사**
仕 섬길 **사** 벼슬 **사**	使 하여금 **사** 부릴 **사** 보낼 **시**	瀉 쏟을 **사**	斜 비낄 **사** 골짜기 이름 **야**	泗 물 이름 **사**
獅 사자 **사**	祠 사당 **사**	肆 방자할 **사**	莎 사초 **사** 비빌 **사** 베짱이 **수**	絲 실 **사** 가는 실 **멱**
事 일 **사**	赦 용서할 **사**	嗣 이을 **사**	乍 잠깐 **사** 일어날 **작**	奢 사치할 **사**
社 모일 **사** 토지신 **사**	舍 집 **사** 버릴 **사** 벌여놓을 **석**	辭 말씀 **사**	砂 모래 **사** 봉황 **사** 목 쉴 **사**	紗 비단 **사** 작을 **묘**
糸 가는 실 **멱** 실 **사**	蓑 도롱이 **사** 꽃술 늘어질 **쇠**	伺 엿볼 **사**	巳 뱀 **사**	蛇 긴 뱀 **사** 구불구불 갈 **이**

私 사사 **사**	射 쏠 **사** 벼슬 이름 **야** 맞힐 **석**	梭 북 **사** 나무 이름 **준**	捨 버릴 **사**	詐 속일 **사**
斯 이 **사** 천할 **사**	裟 가사 **사**	史 사기 **사**	寫 베낄 **사**	似 닮을 **사**
徙 옮길 **사** 고을 이름 **사**	駟 사마 **사**	麝 사향노루 **사**	沙 모래 **사** 봉황 **사** 목 쉴 **사**	渣 물 이름 **사** 찌꺼기 **사**
柶 수저 **사**	四 넉 **사**	娑 춤출 **사** 사바 세상 **사**	祀 제사 **사**	師 스승 **사**
詞 말 **사** 글 **사**	飼 기를 **사**	査 조사할 **사**	士 선비 **사**	寺 절 **사** 관청 **시**
賜 줄 **사**	篩 체 **사**	傞 취하여 춤추는 모양 **사**	剚 찌를 **사**	卸 풀 **사**
乍 잠깐 **사** 씹을 **색**	姒 동서 **사**	揸 집을 **사**	榭 정자 **사**	汜 지류 **사**

痧	竢	笥	蠟	覗
쥐통 **사**	기다릴 **사**	상자 **사**	납향 **사**	엿볼 **사**
駛	魦	鯊	鰤	皻
달릴 **사**	문절망둑 **사**	문절망둑 **사**	물고기 이름 **사**	비홍증 **사**
삭	索	削	數	爍
	노 **삭** 찾을 **색**	깍을 **삭** 채지 **소** 칼집 **초**	자주 **삭** 셈할 **수** 좀좀할 **촉**	빛날 **삭** 벗겨질 **락**
鑠	朔	搠	槊	蒴
녹일 **삭**	초하루 **삭**	바를 **삭**	창 **삭**	말오줌때 **삭**
산	山	刪	珊	算
	뫼 **산**	깍을 **산**	산호 **산**	셈 **산**
祘	傘	散	汕	産
셈 **산**	우산 **산**	흩을 **산**	오구 **산**	낳을 **산**
霰	産	蒜	疝	酸
싸라기 **산** 싸라기 **선**	낳을 **산**	마늘 **산** 마늘 **선**	산증 **산**	실 **산**

僝 착할 **산** 많을 **찬**	剷 깍을 **산**	姍 헐뜯을 **산**	橵 산자 **산**	潸 눈물 흐를 **산**
狻 사자 **산**	繖 일산 **산**	訕 헐뜯을 **산**	鏟 대패 **산**	孿 쌍둥이 **산** 쌍둥이 **련**
漕 눈물 흐를 **산**		살	薩 보살 **살**	殺 죽일 **살** 감할 **쇄** 빠를
撒 뿌릴 **살**	煞 죽일 **살** 매우 **쇄** 빠를 **쇄**	乷 음역자 **살**	삼	森 수풀 **삼**
三 석 **삼**	杉 삼나무 **삼**	蔘 삼 **삼**	滲 스며들 **삼** 흐를 **림**	衫 적삼 **삼**
芟 벨 **삼**	參 석 **삼** 참여할 **참**	糝 나물죽 **삼**	釤 낫 **삼**	鬖 헝클어질 **삼**
삽	插 꽂을 **삽**	颯 바람 소리 **삽** 큰 바람 **립**	澁 떫을 **삽**	鍤 창 **삽**

揷	卅	啑	歃	翣
꽂을 **삽**	서른 **삽**	쪼아 먹을 **삽**	마실 **삽**	운삽 **삽**
鍤	霅	霎	상	愓
가래 **삽**	비올 **삽** 번개 **잡**	가랑비 **삽**		성품 밝을 **상**
常	象	祥	潒	桑
떳떳할 **상** 항상 **상**	코끼리 **상**	상서 **상**	물 쏟아흐르는 모양 **상** 물 흐를 모양 **탕**	뽕나무 **상**
相	霜	詳	想	償
서로 **상** 빌 **양**	서리 **상**	자세할 **상** 거짓 **양**	생각 **상**	갚을 **상**
嘗	裳	商	傷	爽
맛볼 **상**	치마 **상**	장사 **상**	다칠 **상**	시원할 **상**
塽	翔	孀	牀	箱
높고 밝은 땅 **상**	날 **상**	홀어머니 **상**	평상 **상**	상자 **상**
峠	湘	像	橡	喪
고개 **상**	강 이름 **상**	모양 **상**	상수리나무 **상**	잃을 **상**

110

狀 형상 **상** 문서 **장**	庠 학교 **상**	賞 상줄 **상**	廂 행랑 **상**	尙 오히려 **상**
上 윗 **상**	床 평상 **상**	觴 잔 **상**	樣 모양 **양** 상수리나무 **상**	徜 노닐 **상**
晌 정오 **상**	殤 일찍 죽을 **상**	緗 담황색 **상**	鏛 방울 소리 **상**	顙 이마 **상**
鬺 삶을 **상**	嘗 맛 볼 **상**	새	賽 굿할 **새**	璽 옥새 **새**
塞 변방 **새** 막힐 **색**	䚡 뿔의 심 **새**	색	嗇 아낄 **색**	穡 거둘 **색**
索 찾을 **색** 노 **삭**	塞 막힐 **색** 변방 **새**	色 빛 **색**	槭 나무잎 떨어질 **색** 나무이름 **축**	濇 껄끄러울 **색**
瀒 꺼칠할 **색**	생	省 덜 **생** 살필 **성**	笙 생황 **생**	牲 희생 **생**

111

甥	生	眚	鉎	
생질 **생**	날 **생**	눈에 백태 낄 **생**	녹 **생**	
서	湑	暑	藇	棲
	거를 **서**	더울 **서**	아름다울 **서**	깃들일 **서**
諝	曙	署	黍	犀
슬기 **서**	새벽 **서**	마을 **서**	기장 **서**	무소 **서**
庶	恕	揟	壻	緒
여러 **서** 제거할 **자**	용서할 **서**	고기 잡을 **서**	사위 **서**	실마리 **서** 나머지 **사**
嶼	逝	西	誓	墅
섬 **서**	갈 **서**	서녘 **서**	맹세할 **서**	농막 **서**
鼠	薯	抒	敘	絮
쥐 **서**	감자 **서**	풀 **서**	펼 **서** 차례 **서**	솜 **서** 간 맞출 **처** 실 헝크러질 **나**
胥	書	瑞	筮	鋤
서로 **서**	글 **서**	상서 **서**	점 **서**	호미 **서**

徐	惛	舒	序	偦
천천히 할 서	지혜 서	펼 서	차례 서	재주 있을 서 성씨 수
忞	縃	婿	恕	嶼
잊을 여 느슨해질 서	서로 서	사위 서	용서할 서	섬 서
捿	敍	栖	叙	稰
깃들일 서	펼 서 차례 서	깃들일 서	펼 서 차례 서	가을할 서
遾	噬	澨	紓	耡
미칠 서	씹을 서	물가 서	느슨할 서	구실 이름 서
芧	鉏	奤	撕	諝
상수리 서 방동사니 저	호미 서	밝을 서	훈계할 서 찢을 시	슬기 서
석	蓆	碩	石	鼫
	자리 석	클 석	돌 석	석서 석
鉐	析	汐	惜	秳
놋쇠 석	쪼갤 석 처녑 사	조수 석 빠를 계 빠를 혈	아낄 석	섬 석

113

席	晳	淅	錫	釋
자리 **석**	밝을 **석**	일 **석**	주석 **석** 줄 **사** 다리 **체**	풀 **석** 기뻐할 **역**
夕	奭	潟	昔	舃
저녁 **석** 한 웅큼 **사**	클 **석** 쌍백 **석** 붉을 **혁**	개펄 **석**	예 **석** 섞일 **착**	신 **석** 까치 **작** 클 **탁**
晰	矽	腊	蜥	褯
밝을 **석**	석비레 **석**	포 **석**	도마뱀 **석**	자리 **석** 포대기 **자**
선	洒	敾	蟬	蘚
	엄숙할 **선** 씻을 **세** 험할 **최**	기울 **선**	매미 **선** 날 **선** 땅 이름 **제**	이끼 **선**
腺	渲	嫙	癬	繕
샘 **선**	바림 **선**	예쁠 **선**	옴 **선**	기울 **선**
僊	膳	璿	珗	扇
춤출 **선** 신선 **선**	선물 **선** 반찬 **선**	구슬 **선**	옥돌 **선**	부채 **선**
詵	選	銑	善	仙
많을 **선** 많을 **신**	가릴 **선**	무쇠 **선**	착할 **선**	신선 **선**

琁 옥 선 붉은 옥 경	宣 베풀 선	船 배 선	禪 선 선	鐥 복자 선 낫 삼
墡 백토 선	亘 베풀 선 뻗칠 긍	愃 잊을 선 너그러울 훤	璇 옥 선	線 줄 선
跣 맨발 선	羨 부러워할 선 무덤길 연	先 먼저 선	瑄 도리옥 선	旋 돌 선
嬋 고울 선	鮮 고울 선 생선 선	饍 반찬 선 차려낼 찬	煽 부채질할 선	譔 가르칠 선
瞁 눈이 아름다울 모양 선	尟 적을 선	伭 날 선	歚 고을 선	筅 솔 선
鏇 갈이틀 선	蘚 생선 선	騸 불깔 선	鱓 드렁허리 선	璿 아름다운 옥이름 선 옥이름 수
洗 깨끗할 선 씻을 세	綫 줄 선	譱 착할 선	설	說 말씀 설 달랠 세 기뻐할 열

屑	渫	卨	舌	偰
가루 **설** 달갑게 여길 **설**	파낼 **설** 물결 일렁이는모양 **접** 데칠 **잡**	사람 이름 **설**	혀 **설**	맑을 **설**
薛	契	褻	設	楔
성씨 **설**	사람 이름 **설** 맺을 **계** 애쓸 **결**	더러울 **설**	베풀 **설**	문설주 **설**
諜	齧	泄	洩	雪
향풀 **설**	물 **설**	샐 **설** 흩어질 **예**	샐 **설** 퍼질 **예**	눈 **설**
卨	媟	媟	揲	爇
벌레 이름 **설** 사람 이름 **설**	깔볼 **설**	설만할 **설**	셀 **열**	불사를 **설** 사를 **열**
碟	稧	絏	揳	
가죽 다룰 **설**	볏짚 **설**	고삐 **설**	널 **설** 널 **위**	
섬	暹	蟾	纖	贍
	햇살 치밀 **섬** 나라 이름 **섬**	두꺼비 **섬**	가늘 **섬**	넉넉할 **섬**
陝	閃	殲	剡	掺
땅 이름 **섬**	번쩍일 **섬**	다 죽일 **섬**	땅 이름 **섬** 날카로울 **염**	섬섬할 **섬** 잡을 **삼** 칠 **참**

116

睒	譫	銛	鍤	孅
언뜻 볼 섬	헛소리 섬	가래 섬	산부추 섬	가늘 섬

憸	섭	燮	攝	葉
간사할 섬		불꽃 섭	다스릴 섭 잡을 섭 깃꾸미개 삽	땅 이름 섭 잎 엽 책 접

涉	欆	躞	躡	囁
건널 섭 피 흐르는 모양 첩	삿자리 섭	걸을 섭	밟을 섭	소곤거릴 섭

懾	灄	聶	鑷	顳
두려워할 섭	강 이름 섭	소곤거릴 섭	족집게 섭	관자놀이 섭

絁	성	性	宬	腥
비단 섭		성품 성	서고 성	비릴 성

省	城	娍	珹	賍
살필 성 덜 생	재 성	아름다울 성	옥 이름 성	재물 성 재물 생

聲	聖	惺	盛	猩
소리 성	성인 성	깨달을 성	성할 성	성성이 성

117

醒	瑆	姓	筬	星
깰 성	옥빛 성	성씨 성	바디 성	별 성
誠	成	胜	晠	晟
정성 성	이룰 성	비릴 성 이길 승 새 이름 정	밝을 성	밝을 성
騂	盛	晟	睲	聖
붉은 말 성	담을 성	밝을 성	귀 밝을 성	성인 성
成	城	誠	세	蛻
이룰 성	서울 성 이름 성	정성 성 공평할 성		허물 세 허물 태
歲	勢	世	稅	說
해 세	형세 세	인간 세 대 세	세금 세 벗을 탈 기뻐할 열	달랠 세설 말씀 설 벗을 탈
細	涗	貰	笹	忕
가늘 세	잿물 세	세낼 세	조릿대 세	익숙해질 세 사치할 태
洗	洒	姻	鋭	帨
씻을 세 깨끗할 선	씻을 세 뿌릴 쇄 엄숙할 선	여자의 이름자 세	구리 녹날 세	수건 세

繐	彗	소	燒	銷
가늘고 설핀 세	살별 세		사를 소	녹일 소
招	掃	逍	愫	韶
흔들릴 소	쓸 소	노닐 소	정성 소	풍류 이름 소
少	炤	邵	沼	宵
적을 소 젊을 소	밝을 소 비출 조	땅 이름 소 성씨 소	못 소	밤 소 닮을 초
消	穌	塑	卲	玿
사라질 소	깨어날 소 긁어모을 소	흙 빚을 소	높을 소	아름다운 옥 소
訴	嘯	霄	搔	瘙
호소할 소 헐뜯을 척	휘파람 불 소 꾸짖을 질	하늘 소 닮을 초	긁을 소 손톱 조	피부병 소
蔬	所	召	劭	騷
나물 소	바 소	부를 소 대추 조	힘쓸 소 힘쓸 초	떠들 소
小	紹	篠	巢	梳
작을 소	이을 소 느슨할 초	조릿대 소	새집 소	얼레빗 소

119

瀟	素	遡	蘇	蕭
강 이름 **소**	본디 **소** 흴 **소**	거스를 **소**	되살아날 **소** 차조기 **소**	쓸쓸할 **소** 맑은대쑥 **소**
笑	簫	疏	昭	溯
웃음 **소**	퉁소 **소**	소통할 **소**	밝을 **소** 비출 **조**	거슬러 올라갈 **소** 물 **삭**
疎	咲	霄	甦	佋
성길 **소**	웃음 **소**	하늘 **소** 닮을 **초**	깨어날 **소** 긁어모을 **소**	소목 **소**
嗉	埽	愬	捎	樔
멀떠구니 **소**	쓸 **소**	하소연할 **소**	없앨 **소**	풀막 **소**
泝	筱	箾	繅	翛
거슬러 올라갈 **소**	가는 대 **소**	음악 **소**	고치 켤 **소**	날개 찢어질 **소**
縢	艘	蛸	酥	魈
떨떠구니 **소**	배 **소**	걸거미 **소**	연유 **소**	이매 **소**
鮹	鮹	塐	傃	踃
물고기 이름 **소**	소금 **소**	흙빛을 **소**	향할 **소**	깨끗할 **소** 멈출 **소**

120

璬 옥돌 소	속	涑 행굴 속	屬 무리 속 이을 촉	速 빠를 속
續 이을 속	俗 풍속 속	贖 속죄할 속	粟 조 속	謖 일어날 속
束 묶을 속 약속할 속	洬 비울 속	遬 빠를 속	손	損 덜 손
遜 겸손할 손	蓀 향풀 이름 손	飧 저녁밥 손	孫 손자 손	巽 부드러울 손
湌 저녁밥 손 먹을 찬	솔	率 거느릴 솔 비율 률 우두머리 수	乲 솔 솔	帥 거느릴 솔 장수 수
窣 구멍에서 갑자기 나올 솔	蟀 귀뚜라미 솔	遳 장수 솔 장수 수	衛 거느릴 솔 좇을 솔 장수 수	
송	松 소나무 송 더벅머리 송 따를 종	頌 칭송할 송 기릴 송 얼굴 용	淞 강 이름 송	悚 두려울 송

送 보낼 **송**	誦 외울 **송**	竦 공경할 **송**	宋 성씨 **송** 송나라 **송**	訟 송사할 **송** 용납할 **용**
鬆 더벅머리 **송**	憁 똑똑할 **송**	쇄	灑 뿌릴 **쇄** 나눌 **시** 끊어지지 않는 모양 **리**	鎖 쇠사슬 **쇄**
刷 인쇄할 **쇄**	碎 부술 **쇄**	殺 빠를 **쇄** 죽일 **살** 맴 도는 모양 **설**	鎖 쇠사슬 **쇄**	曬 쬘 **쇄**
瑣 자질구레할 **쇄**	쇠	衰 쇠할 **쇠** 상옷 **최**	釗 쇠 **쇠** 볼 **소**	
수	水 물 **수**	戍 수자리 **수**	垂 드리울 **수**	殊 다를 **수**
濉 물 이름 **수** 부릅떠 볼 **휴**	讐 원수 **수**	竪 세울 **수**	寿 목숨 **수**	穗 이삭 **수**
脩 포 **수** 술잔 **유** 쓸쓸할 **소**	峀 산구멍 **수** 바위구멍 **수**	睟 재물 **수**	遂 드디어 **수** 따를 **수**	羞 부끄러울 **수**

綏 편안할 수	茱 수유 수	瘦 여윌 수	收 거둘 수	嫂 형수 수
嗽 기침할 수 빨아들일 삭	豎 세울 수	帥 장수 수 거느릴 솔	璲 패옥 수	漱 양치질할 수
讎 원수 수	瓍 구슬 수	蒐 모을 수	睟 바로 볼 수	燧 부싯돌 수
狩 사냥할 수	睢 물 이름 수 부릅떠 볼 휴	首 머리 수	愁 근심 수 모을 추	鬚 수염 수 모름지기 수
繡 수놓을 수	綬 끈 수	須 모름지기 수 수염 수	粹 순수할 수 부술 쇄	隧 길 수 떨어질 추
囚 가둘 수	銖 저울눈 수	琇 옥돌 수	需 쓰일 수 쓸 수 연할 연	雖 비록 수 짐승 이름 유
秀 빼어날 수	銹 녹슬 수	蓨 수산 수 싹 조	髓 뼛골 수	鵻 새매 수

酬	穗	洙	邃	藪
갚을 **수** 갚을 **주**	이삭 **수**	물가 **수**	깊을 **수**	늪 **수**
搜	袖	授	隋	隨
찾을 **수** 어지로울 **소**	소매 **수**	줄 **수**	수나라 **수** 떨어질 **타**	따를 **수** 게이를 **타**
輸	修	獸	誰	睡
보낼 **수**	닦을 **수**	짐승 **수**	누구 **수**	졸음 **수**
樹	守	受	數	岫
나무 **수**	지킬 **수**	받을 **수**	셈 **수** 자주 **삭** 촘촘할 **촉**	산굴 **수**
壽	手	叟	售	廋
목숨 **수**	손 **수**	늙은이 **수**	팔 **수**	숨길 **수**
晬	殳	泅	溲	瞍
돌 **수**	창 **수**	헤엄칠 **수**	반죽할 **수**	소경 **수**
祟	籔	膵	膄	膸
빌미 **수**	휘 **수**	얼굴 윤기 있을 **수** 약할 **졸**	파리할 **수**	골수 **수**

陲	颼	饈	宿	汓
위태할 **수**	바람 소리 **수**	드릴 **수**	별자리 **수** 잘 **숙**	헤엄칠 **수**
璹	숙	橚	叔	塾
옥 이름 **수** 아름다울 옥 이름 **선**		줄지어 설 **숙**	아저씨 **숙** 콩 **숙**	글방 **숙**
孰	宿	菽	潚	璹
누구 **숙** 살필 **숙**	잘 **숙** 별자리 **수**	콩 **숙**	빠를 **숙** 깊고 맑을 **축**	옥 그릇 **숙** 옥 이름 **도** 옥 이름 **수**
熟	肅	夙	琡	淑
익을 **숙**	엄숙할 **숙**	이를 **숙**	옥 이름 **숙**	맑을 **숙**
倏	俶	儵	婌	驌
갑자기 **숙**	비롯할 **숙**	빠를 **숙**	궁녀 벼슬 이름 **숙**	말 이름 **숙**
鷫	순	蓴	殉	馴
신조 **숙**		순채 **순**	따라 죽을 **순**	길들일 **순** 가르칠 **훈**
詢	循	筍	洵	蕣
물을 **순**	돌 **순**	죽순 **순**	참으로 **순** 멀 **현**	무궁화 **순**

125

諄 타이를 순	盾 방패 순 사람 이름 순 벼슬 이름 윤	巡 돌 순 순행할 순 따를 연	恂 정성 순 엄할 준	脣 입술 순 꼭 맞을 민
淳 순박할 순 폭 준	焞 밝을 순 성할 퇴 귀갑 지지는 불 돈	徇 돌 순 주창할 순	楯 난간 순 책상 준	旬 열흘 순 부역 균
橓 무궁화나무 순	瞬 깜짝일 순	筍 풀 이름 순	珣 옥 이름 순	錞 악기 이름 순 창고달 대
醇 전국술 순	舜 순임금 순	枸 가름대 순	順 순할 순	純 순수할 순 가선 준 묶을 돈
岮 깊숙할 순	侚 재빠를 순	盹 졸 순	紃 끈 순	肫 광대뼈 순
駰 말이 달려갈 순	鬊 헝크러질 순	鶉 메추라기 순	姰 미칠 순 적합할 균	軥 사귈 순
眴 눈깜짝할 순 어지러울 현	술	戌 개 술 열한째 지지 술	鉥 돗바늘 술

126

述	術	址	絉	
펼 **술**	재주 **술** 취락 이름 **수**	높을 **술**	끈 **술**	
숭	崇	崧	嵩	菘
	높을 **숭**	우뚝 솟을 **숭**	높은 산 **숭**	배추 **숭**
쉬	淬	焠	倅	
	담금질할 **쉬**	담금질할 **쉬**	버금 **쉬** 백시란 **졸**	
슬	膝	瑟	蝨	璱
	무릎 **슬**	큰 거문고 **슬**	이 **슬**	푸른 구슬 **슬**
虱	璱	虉	**습**	褶
이슬 **슬**	푸른 구슬 **슬**	붉고 푸른 **슬**		주름 **습** 덧웃 **첩** 주름 **첩**
濕	拾	習	襲	慴
젖을 **습** 나라 이름 **합** 물 이름 **답**	주울 **습** 열 **십** 바꿀 **겁**	익힐 **습**	엄습할 **습**	두려울 **습** 두려울 **섭** 겁낼 **접**
褶	隰	**승**	陞	丞
쐐기 **습**	진펄 **습**		오를 **승**	정승/도울 **승** 나아갈 **증**

127

升 되 승 오를 승	塍 밭두둑 승 밭두둑 증	昇 오를 승	乘 탈 승	繩 노끈 승
蠅 파리 승	滕 잉아 승	僧 중 승	承 이을 승 나라 이름 증	勝 이길 승
承 이을 승 구원할 증	阩 오를 승	鬙 머리 헝크러질 승	盉 정승 승 도울 승 나아갈 증	隲 오를 승
시	諡 시호 시	矢 화살 시	豕 돼지 시	恃 믿을 시 어머니 시
猜 시기할 시 시기할 채	市 저자 시	翽 날개 칠 시	偲 책선할 시 책선할 새	柿 감나무 시
豺 승냥이 시	媤 시집 시 여자의 자 사	視 볼 시	偲 굳셀 시	翅 날개 시
柴 섶 시 울짱 채 쌓을 자	是 이 시 옳을 시	屍 주검 시	尸 주검 시	蒔 모종 낼 시

128

蓍	詩	屎	侍	弑
톱풀 시	시 시	똥 시 끙끙거릴 히	모실 시	윗사람 죽일 시
匙	試	施	示	時
숟가락 시	시험 시	베풀 시 옮길 이	보일 시 땅 귀신 기 둘 치	때 시
始	嘶	媞	禔	諟
비로소 시	울 시	복 시 안존할 제	복 시 복 제 복 지	이 시 살필 체
柿	柹	絁	沶	諰
감나무 시	감나무 시 대패밥 폐	깁 시	내 이름 시	두려워할 시
漦	兕	厮	啻	塒
흐를 시	외뿔들소 시	하인 시	뿐 시	홰 시
廝	枲	澌	緦	豉
하인 시	모시풀 시	다할 시	시마복 시	메주 시
釃	鍉	顋	眂	翄
거를 시	열쇠 시 피 그릇 저	뺨 시	볼 시	날개 시

식	簹	識	殖	軾
	대통밥 **식**	알 **식** 적을 **지** 깃발 **치**	불릴 **식**	수레 앞턱 가로나무 **식**
湜	式	寔	埴	熄
물 맑을 **식**	법 **식**	이 **식**	찰흙 **식** 찰흙 **치**	불 꺼질 **식**
飾	植	蝕	栻	拭
꾸밀 **식** 경계할 **칙**	심을 **식** 둘 **치**	좀먹을 **식**	점치는 기구 **식**	씻을 **식**
息	食	媳	신	莘
쉴 **식**	밥 **식** 먹을 **식** 먹이 **사**	며느리 **식**		족두리풀 **신** 나라 이름 **신**
新	娠	宸	呻	晨
새 **신**	아이 밸 **신**	대궐 **신**	읊조릴 **신**	새벽 **신**
申	信	伸	侁	愼
거듭 **신** 아홉째 지지 **신**	믿을 **신**	펼 **신**	걷는 모양 **신**	삼갈 **신** 땅 이름 **진**
臣	藎	訊	璶	身
신하 **신**	조개풀 **신** 나머지 **탄**	물을 **신**	옥돌 **신**	몸 **신** 나라 이름 **건**

130

腎	紳	蜃	神	迅
콩팥 신	띠 신	큰조개 신	귀신 신	빠를 신
辰	薪	辛	燼	哂
때 신 별 진	섶 신	매울 신	불탄 끝 신	비웃을 신
囟	姺	汛	矧	脤
정수리 신	나라이름 신 견들견들 걸을 신	물 뿌릴 신	하물며 신	제육 신
贐	頤	駪	실	失
전별할 신	눈 크게 뜨고 볼 신	말 많을 신		잃을 실 놓을 일
悉	室	實	実	蟋
다 실	집 실	열매 실 이를 지	열매 실 이를 지	귀뚜라미 실
심	瀋	心	諶	甚
	즙 낼 심 성씨 심	마음 심	참 심	심할 심
芯	沈	深	沁	尋
골풀 심	성씨 심 잠길 침	깊을 심	스며들 심	찾을 심

審	潯	燖	葚	鐔
살필 **심** 빙빙 돌 **반**	물가 **심**	삶을 **심**	오디 **심**	날밑 **심(담)**
鱘	십	十	什	拾
철갑상어 **심**		열 **십**	열 사람 **십** 세간 **집**	열 **십** 주울 **습** 바꿀 **겁**
쌍	雙	双	씨	氏
	두 **쌍** 쌍 **쌍**	쌍 **쌍**		각시 **씨** 성씨 **씨** 나라 이름 **지**

아	牙	婭	訝	兒
	어금니 **아**	아리따울 **아**	의아할 **아** 의심할 **아**	아이 **아** 다시 난 이 **예**
鴉	阿	我	鵝	亞
갈까마귀 **아**	언덕 **아** 호칭 **옥**	나 **아**	거위 **아**	버금 **아** 누를 **압**
衙	雅	莪	娥	妸
마을 **아** 갈 **어**	맑을 **아** 바를 **아**	쑥 **아**	예쁠 **아**	아름다울 **아**
餓	啞	俄	婭	笌
주릴 **아**	벙어리 **아** 웃을 **액**	아까 **아**	동서 **아**	대순 **아**
哦	峨	硪	皒	蛾
읊조릴 **아**	높을 **아**	바위 **아**	흰빛 **아**	나방 **아** 개미 **의**
芽	峩	兒	亜	婀
싹 **아**	높을 **아**	아이 **아** 다시 난 이 **예**	버금 **아** 누를 **압**	아리따울 **아**
砑	椏	啊	娿	丫
갈 **아**	가장귀 **아**	사랑할 **아**	여자를 가르치는 선생 **아**	가장귀 **아**

疴 병 아	迓 마중할 아	錏 투구 목 가림 아	鵞 거위 아	猗 부드러울 아 불깐개 의 고분고분할 위
枒 가장귀 아 야자나무 야	악		鰐 악어 악	握 쥘 악 작을 옥
岳 큰 산 악	鄂 나라 이름 악	顎 턱 악 엄할 악	鍔 칼날 악	愕 놀랄 악
幄 휘장 악	樂 노래 악 즐길 락 좋아할 요	堊 흰흙 악 성인 성	渥 두터울 악 담글 우	嶽 큰 산 악
齷 악착할 악	惡 악할 악 미워할 오	偓 거리낄 악	鄂 입천장 악	咢 놀랄 악
喔 닭소리 악	噩 놀랄 악	蕚 꽃받침 악	諤 곧은 말 악	鶚 물수리 악
腭 잇몸 악	覨 오래볼 악	齶 잇몸 악 속잇몸 악	안	雁 기러기 안

134

姲	鞍	案	媕	晏
종용할 **안**	안장 **안**	책상 **안**	고울 **안** 깨닫지 못할 **약**	늦을 **안**
岸	按	安	顔	眼
언덕 **안**	누를 **안** 막을 **알**	편안 **안**	낯 **안**	눈 **안** 눈불거질 **은**
鮟	桉	鴈	矸	侒
아귀 **안**	안석 **안**	기러기 **안**	깨끗한 **안** 산들 **간**	편안할 **안**
犴	雁	饐	알	謁
들개 **안**	불빛 **안** 불 **안**	배부를 **안** 발설 **안** 보리를 서로 먹을 **온**		뵐 **알**
軋	幹	閼	嘎	挨
삐걱거릴 **알**	돌 **알** 주장할 **간**	가로막을 **알** 흉노 왕비 **연** 한가할 **어**	새소리 **알**	뽑을 **알**
穵	訐	遏	頞	鵠
구멍 **알**	들추어낼 **알**	막을 **알**	콧마루 **알**	뻐꾹새 **알**
암	闇	庵	菴	唵
	숨을 **암** 큰물 질 **음**	암자 **암** 갑자기 **엄**	암자 **암**	머금을 **암**

135

巖	癌	暗	岩	嵒
바위 암	암 암	어두울 암	바위 암	잠꼬대 암
嵓	晻	腤	葊	庵
바위 암	어두울 암 햇빛 침침할 엄	고기 삶을 암	풀 이름 암	암자 암
諳	馣	黯	婩	頷
욀 암	향기로울 암	어두울 암	머뭇거릴 암	끄덕일 암 턱 함
압	押	狎	鴨	壓
	누를 압 단속할 갑	익숙할 압 익숙할 합	오리 압	누를 압 싫어할 염 숙일 엽
앙	央	仰	殃	秧
	가운데 앙 선명한 모양 영	우러를 앙	재앙 앙	모 앙
怏	鴦	昂	昻	卬
섭할 앙 원망할 앙	원앙 앙	밝을 앙	밝을 앙	나 앙
坱	盎	鞅	泱	
먼지 앙	동이 앙	가슴걸이 앙	끝없을 앙	

애	艾 쑥 애 다스릴 예	涯 물가 애	隘 좁을 애 막을 액	唉 물을 애 한탄할 희
哀 슬플 애	睚 사람 이름 애	崖 언덕 애	埃 티끌 애	焌 빛날 애
厓 언덕 애 흘길 애	礙 거리낄 애 푸른 돌 의	曖 희미할 애	靄 아지랑이 애	愛 사랑 애
碍 거리낄 애 푸른 돌 의	僾 어렴풋할 애	啀 물어뜯을 애	噯 숨 애	娭 계집종 애
挨 칠 애	捱 막을 애	欸 한숨 쉴 애	獃 못생길 애	皚 흴 애
睚 눈초리 애	曖 흐릿할 애	磑 맷돌 애	薆 숨길 애	藹 열매 많이 열릴 애
靉 구름 낄 애	騃 어리석을 애	嵦 언덕 애	溰 물가 애	

액	額 이마 **액**	縊 목맬 **액**	腋 겨드랑이 **액**	掖 겨드랑이 **액** 낄 **액**
液 진 **액** 담글 **석**	扼 잡을 **액**	厄 액 **액**	戹 좁을 **액**	搤 잡을 **액**
阨 좁을 **액**	呝 닭소리 **액** 딸꾹질 **애**	**앵**	鶯 꾀꼬리 **앵**	罌 양병 **앵**
櫻 앵두 **앵**	鸚 앵무새 **앵**	嚶 새소리 **앵**	嫈 예쁠 **앵**	罃 물독 **앵**
야	冶 풀무 **야**	倻 가야 **야**	野 들 **야** 변두리 **여** 농막 **서**	椰 야자나무 **야**
捓 희롱지꺼리 할 **야**	耶 어조사 **야** 간사할 **사**	夜 밤 **야** 고을 이름 **액**	若 반야 **야** 같을 **약**	也 잇기 **야** 어조사 **야** 잇달을 **이**
惹 이끌 **야** 가벼울 **약**	爺 아버지 **야** 아비 **야**	埜 들 **야** 변두리 **여** 농막 **서**	揶 야유할 **야**	

약	藥 약 **약** 뜨거울 **삭** 간 맞출 **략**	若 같을 **약** 반야 **야**	蒻 구약나물 **약**	躍 뛸 **약** 빨리 달릴 **적**
約 맺을 **약** 부절 **요** 기러기 발 **적**	葯 꽃밥 **약** 동여맬 **적**	弱 약할 **약**	爚 사를 **약**	禴 종묘 제사 이름 **약**
箹 대 껍질 **약**	籥 피리 **약**	鑰 자물쇠 **약**	鸙 댓닭 **약**	龠 피리 **약**
양	揚 날릴 **양**	養 기를 **양**	陽 볕 **양**	壤 흙덩이 **양**
讓 사양할 **양**	樣 모양 **양** 상수리나무 **상**	煬 쬘 **양**	襄 도울 **양**	洋 큰 바다 **양**
孃 아가씨 **양(냥)**	瀁 출렁거릴 **양**	佯 거짓 **양**	恙 병 **양** 근심할 **양**	攘 물리칠 **양** 어지러울 **영(녕)**
暘 해돋이 **양**	瀼 내 이름 **양**	楊 버들 **양**	痒 가려울 **양**	羊 양 **양**

139

禳 제사 이름 **양** 물리칠 **양**	瘍 헐 **양** 설사병 **탕**	椋 푸조나무 **양(량)**	醸 술 빚을 **양**	穰 짚 **양**
敭 오를 **양**	易 볕 **양** 쉬울 **이**	徉 노닐 **양**	瀼 이슬 많을 **양**	烊 구울 **양**
眻 눈썹 사이 **양**	蘘 양하 **양**	輰 치장한 수레 **양**	鑲 거푸집 속 **양**	颺 날릴 **양**
驤 머리 들 **양**	癢 가려울 **양** 마음 이간질려울 **양**	어	語 말씀 **어**	於 어조사 **어** 탄식할 **오**
御 거느릴 **어** 막을 **어** 맞을 **아**	齬 어긋날 **어**	馭 말 부릴 **어**	唹 고요히 웃을 **어**	漁 고기 잡을 **어**
圄 옥 **어**	瘀 어혈질 **어**	禦 막을 **어**	魚 물고기 **어**	圉 마부 **어**
敔 막을 **어**	淤 진흙 **어**	飫 물릴 **어**	衞 그칠 **어** 막을 **어** 정결할 **소**	

140

억	億 억 억	臆 가슴 억 마실 것 의	憶 생각할 억	檍 감탕나무 억
抑 누를 억	繶 끈 억	**언**	彦 선비 언	偃 쓰러질 언
言 말씀 언 화기애애할 은	諺 언문 언 속담 언 자랑할 안	堰 둑 언	嫣 아름다울 언	焉 어찌 언 오랑캐 이
彦 선비 언	傿 고을 이름 언	匽 엎드릴 언	鄢 고을 이름 언	鼴 두더지 언
讞 평의할 언/얼	鼹 두더지 언	**얼**	櫱 그루터기 얼 황경나무 벽 승검초 폐	孽 서자 얼
糱 누룩 얼	蘖 누룩 얼	壵 땅 이름 얼	杲 말뚝 얼	
엄	嚴 엄할 엄	儼 엄연할 엄	奄 문득 엄	俺 클 엄 나 암

掩	龑	淹	嚴	崦
가릴 엄	고명할 엄	담글 엄	엄할 엄	산 이름 엄
曮	罨	醃	閹	广
해가 돌 엄	그물 엄(압)	절인 남새 엄	내시 엄	집 엄
업	嶪	業	鄴	嶫
	높고 험할 업	업 업	땅 이름 업	험준할 업
에	恚	曀	엔	円
	성낼 에	음산할 에 구름 낄 예		화폐 단위 엔 둥글 원
여	餘	汝	歟	璵
	남을 여	너 여	어조사 여	옥 여
予	礖	艅	茹	與
나 여 줄 여 미리 예	돌 이름 여	배 이름 여	먹을 여	더불 여 줄 여
悆	好	余	輿	如
잊을 여 느슨해질 서	여관 여	나 여 남을 여	수레 여 명예 예	같을 여 말 이을 이

142

轝	舁	역	域	譯
수레 여	마주 들 여		지경 역	번역할 역
逆	疫	役	暘	驛
거스릴 역	점염병 역	부릴 역	해 반짝 날 역 해돋이 양	역 역
繹	亦	易	嶧	懌
풀 역	또 역 겨드랑이 액	바꿀 역 쉬울 이	산 이름 역	기뻐할 역
淢	閾	연	姸	淵
빨리 흐를 역	문지방 역		빛날 연	못 연
鳶	硯	沿	軟	娟
솔개 연	벼루 연 갈 연 곱고 윤택한 돌 견	물 따라갈 연 따를 연	연할 연	예쁠 연
沇	椽	妍	然	筵
강 이름 연 흐를 유	서까래 연	고울 연	그럴 연 불탈 연	대자리 연
堧	鉛	續	捐	涎
빈 터 연	납 연	길 연 사람 이름 인	버릴 연	침 연

143

嚥 삼킬 연	挺 늘일 연 이길 선	演 펼 연	緣 인연 연 부인 옷 이름 단	煙 연기 연 제사 지낼 인
兗 바를 연 땅 이름 연	曣 더울 연	瑌 옥돌 연	衍 넓을 연	瑓 옥돌 연
燃 탈 연	研 갈 연 벼루 연 관 이름 형	莚 벋을 연 풀 이름 연 대자리 연	嬿 아름다울 연	宴 잔치 연
醼 잔치 연	涓 시내 연 우는 모양 현	燕 성씨 연	延 늘일 연	燕 제비 연
烟 연기 연 제사 지낼 인	輭 연할 연	淵 못 연	姢 예쁠 연	妍 고울 연
硯 벼루 연 윤기 경	兗 바를 연 땅 이름 연	埏 땅 끝 연	悁 성낼 연	掾 도울 연
櫞 구연 연	涏 물 이름 연	臙 연지 연	蝡 웅숭깊을 연	蠕 꿈틀거릴 연

讌	均	戭	困	
잔치 **연**	따를 **연** 운운 고를 **균**	창 **연**	못 **연**	
열	澬	說	咽	熱
	물 흐르는모양 **열**	기뻐할 **열** 말씀 **설** 달랠 **세**	목멜 **열** 목구멍 **인** 삼킬 **연**	더울 **열**
悅	閱	噎	**염**	染
기쁠 **열**	볼 **열** 셀 **열**	목멜 **열(일)**		물들 **염**
艶	髯	閻	琰	炎
고울 **염**	구레나루 **염**	마을 **염**	옥 **염**	불꽃 **염** 아름다울 **담**
鹽	焰	苒	厭	豔
소금 **염**	불꽃 **염**	풀 우거질 **염**	싫어할 **염** 누를 **엽** 빠질 **암**	고울 **염**
冉	懕	扅	檿	灩
나아갈 **염**	편안할 **염**	빗장 **염**	산뽕나무 **염**	물결 출렁거릴 **염**
饜	魘	黶	**엽**	燁
물릴 **염**	가위눌릴 **염**	검정사마귀 **염**		빛날 **엽**

145

葉	曅	燒	爗	靨
잎 **엽** 땅 이름 **섭** 책 **접**	빛날 **엽**	이글거릴 **엽** 이글거릴 **황**	빛날 **엽**	보조개 **엽**
曄	영	泳	咏	影
빛날 **엽**		헤엄칠 **영**	읊을 **영**	그림자 **영**
榮	映	嬰	朕	穎
영화 **영** 꽃 **영**	비칠 **영** 희미할 **앙**	어린아이 **영**	달빛 **영**	이삭 **영**
蠑	霙	瓔	瀛	贏
영원 **영**	진눈깨비 **영**	옥돌 **영**	바다 **영**	찰 **영**
纓	永	塋	瑛	迎
갓끈 **영**	길 **영** 읊을 **영**	무덤 **영**	옥빛 **영**	맞을 **영**
鍈	楹	盈	瀯	瑩
방울 소리 **영** 방울 소리 **앙**	기둥 **영**	찰 **영**	물 졸졸 흐를 **영**	밝을 **영** 의혹할 **형** 옥돌 **옥**
詠	嶸	頴	營	煐
읊을 **영**	가파를 **영**	강 이름 **영**	경영할 **영**	빛날 **영**

英 꽃부리 **영** 뛰어날 **영** 못자리의 모 **앙**	漢 물 맑을 **영**	濚 물이 졸졸 흐를 **영**	暎 비칠 **영** 희미할 **앙**	荣 꽃 **영** 약초 이름 **송** 영화 **영**
栄 영화 **영** 꽃 **영**	涅 거침없이 흐를 **영**	栐 나무 이름 **영**	濴 물 돌아나갈 **영**	瘦 혹 **영**
韺 풍류 이름 **영**	碤 물속 돌 **영**	縈 얽힐 **영**	郢 땅 이름 **영**	睲 똑바로 볼 **영** 어두울 **경**
贏 남을 **영**	懧 지킬 **영**	**예**	蘂 꽃술 **예**	睿 슬기 **예**
藝 재주 **예** 심을 **예**	銳 날카로울 **예** 창 **태**	倪 어린이 **예** 다시 난 이 **예**	刈 벨 **예**	瘱 고요할 **예**
羿 사람 이름 **예**	豫 미리 **예** 펼 **서**	曳 끌 **예**	猊 사자 **예**	汭 물굽이 **예** 해 **돈**
霓 무지개 **예** 무지개 **역**	譽 기릴 **예** 명예 **예**	詣 이를 **예**	裔 후손 **예**	穢 더러울 **예**

147

珃 옥돌 예	預 맡길 예 / 미리 예	乂 벨 예 / 징계할 애	藝 재주 예 / 심을 예	叡 밝을 예
艾 쑥 애 / 다스릴 예	濊 종족 이름 예 / 그물 던지는 소리 활	蕊 꽃술 예 / 모일 전	堄 성가퀴 예	芮 성씨 예 / 나라 이름 열
蓺 심을 예	嫕 유순할 예	睿 밝을 예 / 준설할 준	橤 꽃술 예 / 모일 전	叡 밝을 예
芸 평지 운 / 재주 예 / 심을 예	鑿 아름다울 예	郳 나라 이름 예	帠 법 예	汭 물가 예
兒 다시난이 예 / 아이 아	囈 잠꼬대 예	嫛 유순할 예	拽 끌 예	挍 비길 예
枘 장부 예	獩 민족 이름 예	睨 흘겨볼 예	瞖 눈에 백태 낄 예	繄 창 전대 예
翳 일산 예	薉 거친 풀 예	蚋 파리매 예	蜺 무지개 예	鯢 도룡용 예

148

鷖 갈매기 **예**	麑 사자 **예**	嬖 다스릴 **예** 편안할 **예**	埶 심을 **예**	오
獒 개 **오**	懊 한할 **오** 슬플 **욱**	澳 깊을 **오** 후미 **욱**	伍 다섯 사람 **오**	熬 볶을 **오**
惡 미워할 **오** 악할 **악**	晤 총명할 **오** 만날 **오**	汚 더러울 **오** 구부릴 **우** 팔 **와**	珸 옥돌 **오**	五 다섯 **오**
梧 오동나무 **오** 악기 이름 **어**	午 낮 **오**	娛 즐길 **오**	嗚 슬플 **오**	塢 둑 **오**
浯 강 이름 **오**	壞 물가 **오** 물가 **욱**	蜈 지네 **오**	烏 까마귀 **오** 나라 이름 **아**	鰲 자라 **오**
敖 거만할 **오**	吾 나 **오** 친하지 않을 **어** 땅 이름 **아**	誤 그르칠 **오**	傲 거만할 **오**	寤 잠 깰 **오**
悟 깨달을 **오**	旿 밝을 **오**	箊 버들고리 **오**	吳 성씨 **오** 큰소리칠 **화**	晤 맞이할 **오**

149

燠 불 오 따뜻할 욱 위로할 우	鰲 자라 오	顒 높을 오	仵 짝 오	俣 갈래질 오
唔 글 읽는 소리 오	嗷 시끄러울 오	噁 성낼 오	鏊 번철 오	鏖 무찌를 오
隩 굽이 오	驁 준마 오	鼯 날다람쥐 오	圬 흙손 오	忤 거스를 오
傲 오만할 오	捂 닿을 오	汙 더러울 오	窹 부엌 오	聱 말을 듣지 아니할 오
萼 풀이름 오	襖 웃옷 오	謷 헐뜯을 오	迕 만날 오	遨 놀 오
鼇 교만할 오	迂 굽을 오 에돌 우	奧 깊을 오 따뜻할 욱	옥	屋 집 옥 휘장 악
鈺 보배 옥	沃 길름질 옥 물 댈 옥	獄 옥 옥	玉 구슬 옥	

150

온	縕	溫	瑥	穩
	헌솜 온	따뜻할 온 쌓을 온	사람 이름 온	편안할 온 편안할 은
瘟	媼	蘊	稳	昷
염병 온	할머니 온	쌓을 온	편안할 온 편안할 은	어질 온
榲	馧	餫	媪	慍
기둥 온 올발 올	향기로울 온	보리를 서로 먹을 온 배부를 안	여자이름자 온 할미 오	성낼 온
氳	熅	轀	醞	韞
기운 성할 온	숯불 온	와거 온	빚을 온	감출 온
蘊	穩	昷	올	兀
붕어마름 온	번성하는 모양 온 향기로울 온	어질 온		우뚝할 올
杌	嗢	膃	옹	擁
나무 그루터기 올	목멜 올	살질 올		낄 옹
癕	雍	邕	壅	翁
악창 옹	화할 옹	막힐 옹	막을 옹	늙은이 옹

151

瓮	甕	饔	喁	廱
독 옹	독 옹	아침밥 옹	쉴 옹 화답할 우	화락할 옹
滃	禺	罋	蕹	鶲
구름 일 옹	땅 이름 옹 긴꼬리 원숭이 우	독 옹	동 옹	할미새 옹
顒	癕	와	蛙	瓦
공경할 옹	악창 옹		개구리 와 개구리 왜 두견이 결	기와 와
訛	臥	窩	窪	蝸
그릇될 와	누울 와	움집 와	웅덩이 와	달팽이 와
渦	囮	媧	枙	洼
소용돌이 와 강 이름 과	후림새 와	정숙할 와	나무 마디 와	웅덩이 와
猧	窫	萵	譌	哇
발바리 와	우묵할 와	상추 와	거짓말 와	토할 와 노래할 규 목멜 화
완	豌	琓	碗	莞
	완두 완	옥 이름 완	사발 완	빙그레 웃을 완 왕골 완 땅 이름 관

垸	婠	完	翫	妧
바를 완 바를 환	품성 좋을 완	완전할 완	희롱할 완	좋을 완
琬	緩	頑	阮	腕
홀 완	느릴 완	완고할 완	성씨 완 나라 이름 원	팔뚝 완
脘	浣	岏	椀	梡
밥통 완 살 한 뼈 기름 환	빨 완 수준기 관	산 뾰족할 완	주발 완	도마 완 도마 관 문지를 환
宛	鋺	婉	玩	抏
완연할 완 고을 이름 원 맺힐 울	저울판 원 주발 완	순할 완 아름다울 완	희롱할 완	꺾을 완
刓	忨	惋	涴	盌
깎을 완	탐할 완	한탄할 완	물 굽이쳐 흐를 완	주발 완
杬		왈	曰	
어루만질 완 나무이름 원			가로 왈	
왕	汪	枉	王	往
	넓을 왕	굽을 왕 미칠 광	임금 왕 옥 옥	갈 왕

旺 왕성할 **왕**	瀇 물 깊고 넓을 **왕**	迬 갈 **왕**	왜	倭 왜나라 **왜** 구불구불할 **위** 나라 이름 **와**
矮 난쟁이 **왜**	歪 기울 **왜** 기울 **외**	娃 예쁠 **왜** 예쁠 **와**	媧 사람 이름 **왜**	
외	巍 높고 클 **외**	外 바깥 **외**	猥 외람할 **외**	嵬 높을 **외**
畏 두려워할 **외**	偎 어렴풋할 **외**	崴 구불구불할 **외**	崴 높을 **외**	渨 잠길 **외**
煨 불씨 **외**	碨 돌 고르지 않은 모양 **외**	磈 높고 험한 모양 **외**	聵 배냇귀머거리 **외**	隈 험할 **외**
요	橈 굽을 **요** 노 **요**	樂 좋아할 **요** 즐길 **락** 노래 **악**	要 요긴할 **요**	拗 우길 **요** 누를 **옥**
耀 빛날 **요**	腰 허리 **요**	饒 넉넉할 **요**	遙 멀 **요**	曜 빛날 **요**

154

僥 요행 **요** 속일 **교**	搖 흔들 **요**	堯 요임금 **요**	邀 맞을 **요**	窈 고요할 **요**
瑤 아름다운 옥 **요**	夭 일찍 죽을 **요** 어릴 **요** 어린아이 **오**	燿 빛날 **요** 녹일 **삭**	嶢 높을 **요**	曤 햇빛 **요**
繇 역사 **요** 말미암을 **요** 점사 **주**	窯 기와 가마 **요**	妖 요사할 **요**	繞 두를 **요**	凹 오목할 **요**
擾 시끄러울 **요** 움직일 **우**	蟯 요충 **요**	謠 노래 **요**	姚 예쁠 **요** 경솔할 **조**	偠 낭창거릴 **요**
喓 벌레 소리 **요**	坳 팬 곳 **요**	墝 메마른 **요**	嬈 아리따울 **요** 번거로울 **뇨**	幺 작을 **요**
徭 구실 **요**	徼 구할 **요**	殀 일찍 죽을 **요**	澆 물 댈 **요**	祅 재앙 **요**
突 깊을 **요**	宎 움펑눈 **요**	葽 풋나무 **요**	遶 두를 **요**	鷂 익더귀 **요**

욕	褥 요 **욕**	浴 목욕할 **욕**	慾 욕심 **욕**	縟 꾸밀 **욕**
欲 하고자 할 **욕**	辱 욕될 **욕**	溽 무더울 **욕**	蓐 요 **욕**	
용	瑢 패옥 소리 **용**	冗 한가로울 **용**	鎔 쇠 녹일 **용**	涌 물 솟을 **용**
榕 나무 이름 **용**	傭 품 팔 **용** 고를 **총**	俑 목우 **용**	茸 풀 날 **용** 버섯 **이**	墉 담 **용**
踊 뛸 **용**	埇 길 돋울 **용**	榕 뱅골보리수 **용**	庸 떳떳할 **용** 쓸 **용**	勇 날랠 **용**
蓉 연꽃 **용**	傛 익숙할 **용**	容 얼굴 **용**	甬 길 **용** 대롱 **동**	聳 솟을 **용** 두려워할 **송**
慂 권할 **용**	溶 녹을 **용**	鏞 쇠북 **용**	用 쓸 **용**	熔 쇠 녹일 **용**

湧	碵	宂	嶸	慵
물 솟을 **용**	숫돌 **용** 갈 **동**	쓸데없을 **용**	산 이름 **용**	게으를 **용**
惷	舂	蛹	踴	勇
어리석을 **총** 천치 **용(창)**	찧을 **용**	번데기 **용**	뛸 **용**	날랠 **용**
우	庽	玗	偶	祐
	부칠 **우**	옥돌 **우**	짝 **우**	복 **우** 도울 **우**
燠	圩	雨	隅	雩
따뜻할 **욱** 위로할 **우** 불 **오**	오목할 **우**	비 **우**	모퉁이 **우**	기우제 **우**
旴	藕	齲	憂	羽
클 **우**	연뿌리 **우**	너리먹을 **우** 잇병 **우**	근심 **우**	깃 **우** 늦출 **호**
釪	瑀	尤	又	右
창고달 **우**	패옥 **우**	더욱 **우**	또 **우**	오른쪽 **우** 도울 **우**
寓	遇	禑	虞	盂
부칠 **우**	만날 **우**	복 **우**	염려할 **우** 나라 이름 **우**	사발 **우**

紆 굽을 우	郵 우편 우	愚 어리석을 우	禹 성씨 우	邘 땅 이름 우
牛 소 우	迂 에돌 우 굽을 오	佑 도울 우	于 어조사 우 어조사 어	堣 모퉁이 우
慪 공경할 우	宇 집 우	優 넉넉할 우 뛰어날 우	[illegible] 물소리 우 깃 우	扜 당길 우 지휘할 우
芋 토란 우 클 후	友 벗 우	[illegible] 비 우	[illegible] 기쁠 우	俁 얼굴 클 우
[illegible] 물 소용돌이쳐 흐를 우	[illegible] 날 우	偊 혼자 걸을 우	吁 탄식할 우	嵎 산모롱이 우
杅 잔 우	疣 사마귀 우	盱 쳐다볼 우	竽 피리 우	耦 짝 우
耰 씨를 덮을 우	謣 망령되이 말할 우	踽 홀로 갈 우	鍝 귀고리 우	麀 암사슴 우

麌			욱	栯
큰사슴 **우**				산앵두 **욱** 나무 이름 **유**
燠	彧	頊	旭	煜
따뜻할 **욱우** 위로할 **오** 불	문채 **욱**	삼갈 **욱** 뒤통수 **옥**	아침 해 **욱**	빛날 **욱** 빛날 **육**
郁	昱	勖	稶	稢
성할 **욱울** 답답할 **울** 울창할 **울**	햇빛 밝을 **욱**	힘쓸 **욱**	서직 무성할 **욱**	서직 무성할 **욱**
醶	운	云	雲	沄
? **욱**		이를 **운** 구름 **운**	구름 **운**	돌아흐를 **운**
殞	夽	暈	耘	賱
죽을 **운**	높을 **운**	어지러울 **운** 무리 **훈**	김맬 **운**	넉넉할 **운**
篔	蕓	隕	韻	澐
왕대 **운**	평지 **운**	떨어질 **운** 둘레 **원**	운 **운**	큰 물결 **운**
煩	賓	運	䉙	芸
노란 모양 **운**	떨어질 **운**	옮길 **운**	왕대 **운**	평지 **운예** 재주 심을 **예**

橒 나무 무늬 운	員 더할 운 인원 원	惲 도타울 운	紜 어지로울 운	霣 떨어질 운
鄆 나라이름 운	顒 얼굴과 머리 둥글 운 성낼 혼	韵 운 운	울	鬱 답답할 울 울창할 울
蔚 고을 이름 울 제비쑥 위	菀 무성할 완 자완 완 동산 원	똬 운	웅	熊 곰 웅 세 발 자라 내
雄 수컷 웅		원	轅 끌채 원	褑 패옥 띠 원
寃 원통할 원	怨 원망할 원 쌓을 온	袁 성씨 원	杬 나무 이름 원 어루만질 완	圓 둥글 원 화폐 단위 엔
笎 대무늬 원	援 도울 원	員 인원 원 더할 운	源 근원 원	阮 나라 이름 원 성씨 완
原 언덕 원 근원 원	爰 이에 원	鴛 원앙 원	愿 원할 원	沅 강 이름 원

朊	園	垣	冤	湲
희미할 **원**	동산 **원**	담 **원**	원통할 **원**	흐를 **원**
鋺	苑	瑗	院	媛
저울판 **원** 주발 **완**	나라 동산 **원** 막힐 **울**	구슬 **원**	집 **원**	여자 **원**
遠	願	嫄	元	洹
멀 **원**	원할 **원**	사람 이름 **원**	으뜸 **원**	물 이름 **원** 세차게 흐를 **환**
猿	婉	負	俛	楥
원숭이 **원**	순할 **완** 아름다울 **완**	수효 **원**	즐거워할 **원**	느티나무 **원**
芫	薗	諼	顯	鶢
팥꽃나무 **원**	동산 **원**	천천히 말할 **원**	따말 **원** 배 흰 **월**	언추 **원**
黿	猨	邍	蜿	
자라 **원**	원숭이 **원**	들판 **원**	굼틀거릴 **원**	
월	鉞	越	月	刖
	도끼 **월**	넘을 **월** 부들자리 **활**	달 **월**	벨 **월**

161

粵	위	圍	萎	蝟
어조사 **월**		에워쌀 **위** 나라 **국**	시들 **위**	고슴도치 **위**
衛	渭	蔿	瑋	位
지킬 **위**	물 이름 **위**	애기풀 **위**	옥 **위**	자리 **위** 임할 **리**
委	緯	暐	謂	危
맡길 **위**	씨 **위**	햇빛 **위**	이를 **위**	위태할 **위**
魏	衞	威	偉	違
나라 이름 **위** 빼어날 **외**	지킬 **위**	위엄 **위**	클 **위**	어긋날 **위**
胃	葦	慰	僞	尉
밥통 **위**	갈대 **위**	위로할 **위**	거짓 **위** 잘못 될 **와**	벼슬 **위** 위로할 **위** 다리미 **울**
韋	爲	褘	韡	喟
가죽 **위**	하 **위** 할 **위**	아름다울 **위** 폐슬 **휘**	꽃 활짝 필 **위**	한숨 **위**
幃	熨	痿	葳	頄
휘장 **위**	눌러 덥게 할 **위**	저릴 **위**	초목이 무성한 모양 **위**	굽을 **위**

諉	逶	闈	韙	餧
번거롭게 할 **위**	구불구불 갈 **위**	대궐 작은 문 **위**	바를 **위**	먹일 **위**
유	遺	囿	踰	牖
	남길 **유** 따를 **수**	동산 **유**	넘을 **유** 멀 **요**	들창 **유**
逌	猷	妡	聈	諭
웃을 **유**	꾀 **유**	짝 **유**	교요할 **유**	타이틀 **유**
遊	游	濡	楡	萸
놀 **유**	헤엄칠 **유** 깃발 **류**	적실 **유** 편안할 **여** 유약할 **연**	느릅나무 **유**	수유 **유**
悠	逾	維	唯	洧
멀 **유**	넘을 **유** 구차스러울 **투**	벼리 **유**	오직 **유** 누구 **수**	강 이름 **유**
鍮	蹂	儒	有	諛
놋쇠 **유**	밟을 **유**	선비 **유**	있을 **유**	아첨할 **유**
裕	庾	曘	由	癒
넉넉할 **유**	곳집 **유** 노적가리 **유**	햇빛 **유**	말미암을 **유** 여자의 웃는 모양 **요**	병 나을 **유**

孺	攸	瑜	婑	酉
젖먹이 유	바 유	아름다운 옥 유	아리따울 유 정숙할 와	닭 유 열째 지지 유
幼	宥	誘	愈	侑
어릴 유 그윽할 요	너그러울 유	꾈 유	나을 유 구차할 투	권할 유
乳	惟	油	柔	瑈
젖 유	생각할 유	무성할 유	부드러울 유	옥돌 유
釉	幽	柚	油	楢
광택 유	그윽할 유 검을 유	유자 유 바디 축	기름 유	졸참나무 유
兪	喩	揄	愉	猶
대답할 유 나라 이름 수	깨우칠 유	야유할 유 요적옷 요	즐거울 유 구차할 투	오히려 유 움직일 요
滺	臾	蕤	狘	揉
깊을 유	잠깐 유 권할 용	드리워질 유	열매 많이 열릴 유	주무를 유
帷	尢	呦	壝	泑
휘장 유	머뭇거릴 유	울 유	제단 유	잿물 유

鼬	龥	瘉	瘐	窬
족제비 유	부를 유	병 나을 유	근심하여 앓을 유	비뚤 유
籥	粈	緌	腴	莠
부를 유	섞을 유	갓끈 유	아랫배 살질 유	강아지풀 유
蕕	蚴	蚰	蝓	褕
누린내풀 유	꿈틀거릴 유	그리마 유	하루살이 유 나무굼벵이 추	고울 유
黝	鞣	鮪	湀	瑈
검푸를 유	다룬 가죽 유	다랑어 유	물이름 유	옥이름 유
需	譴	俞	窬	
쓰일 수 연할 유	성낼 유 속일 퇴	대답할 유 나라 이름 수	판장문 유 속빌 유 요강 투	
육	育	堉	毓	肉
	기를 육	기름진 땅 육	기를 육	고기 육 둘레 유
儥	윤	昀	贇	玧
팔 육		햇빛 윤	예쁠 윤 예쁠 빈	귀막이 구슬 윤 붉은 구슬 문

165

允 맏 윤 진실로 윤 마을 이름 연	鈗 병기 윤 병기 예	齋 물 깊고 넓을 윤	潤 불을 윤 윤택할 윤	尹 성씨 윤
阭 높을 윤	閏 윤달 윤	胤 자손 윤	荺 연뿌리 윤	徹 자손 윤
閏 윤달 윤	閠 윤달 윤	鋆 금 윤	橍 나무 이름 윤	沇 강이름 윤 흐를유
율	燏 빛날 율	潏 사주 율 샘솟을 홀 물흐르는모양 술	汩 흐를 율 골몰할 골	聿 붓 율
建 걸어가는 모양 율 세울 건 엎지를 건	馱 빨리 율	矞 송곳질할 율	颭 큰바람 율 벼슬이름 율 나라이름 율	
융	絨 가는 베 융	戎 병장기 융 오랑캐 융	瀜 물 깊고 넓은 모양 융	融 녹을 융
狨 원숭이 이름 융	은	珢 옥돌 은 옥 무늬 간	檃 바로 잡을 은	泿 물가 은

垠 지경 은 경기 기	殷 성할 은 은나라 은 검붉은빛 안	溵 물소리 은	訢 기뻐할 흔 화평할 은 찔 희	蒑 풀빛 푸른 은
恩 은혜 은	憖 억지로 은 기뻐할 은 웃는 모양 흔	[illegible] 기댈 은 안온할 온	濦 강 이름 은	圻 지경 은 경기 기
蒽 풀 이름 은	蘟 나물 이름 은	听 웃을 은 입 벌린 모양 이 들을 청	誾 온화할 은	慇 괴로워할 은
銀 은 은	檼 마룻대 은	隱 숨을 은	圁 물 이름 은	[illegible] 산 높을 은
嚚 어리석을 은	垽 앙금 은	狺 으르렁거릴 은	癮 두드러기 은	訔 논쟁할 은
鄞 땅 이름 은	齗 잇몸 은	[illegible] 웃을 은 이나은 모양 은	[illegible] 물 이름 은	[illegible] 온화할 은
[illegible] 옥 은	**을**	乙 새 을	圪 흙더미 우뚝할 을	鳦 제비 을

음	吟 읊을 음 입 다물 금	飮 마실 음	音 소리 음 그늘 음	淫 음란할 음 장마 음 요수 요
陰 그늘 음 침묵할 암	愔 조용할 음	馨 화할 음	蔭 그늘 음	崟 험준할 음
廕 덮을 음	霪 흐릴 음	喑 벙어리 음	읍	邑 고을 읍 아첨할 압
揖 읍할 읍 모을 집 모을 즙	泣 울 읍 바람 빠를 립 원활하지 않을 삽	悒 근심할 읍	挹 뜰 읍	浥 젖을 읍
응	鷹 매 응	膺 가슴 응	凝 엉길 응	應 응할 응
矔 말끄러미 볼 응	의	議 의논할 의	誼 정 의 옳을 의	矣 어조사 의
意 뜻 의 기억할 억	薏 율무 의 율무 억	椅 의자 의	擬 비길 의	毅 굳셀 의

依 의지할 **의**	義 옳을 **의**	疑 의심할 **의** 안정할 **응**	懿 아름다울 **의**	倚 의지할 **의** 기이할 **기**
宜 마땅 **의**	儀 거동 **의**	醫 의원 **의**	蟻 개미 **의**	艤 배 댈 **의** 거룻배 **차**
衣 옷 **의**	猗 아름다울 **의**	懝 의심할 **의**	劓 코 벨 **의**	欹 아 **의**
漪 물놀이 **의**	礒 돌 모양 **의**	饐 쉴 **의**	螘 개미 **의**	嫕 여자 이름자 **의**
澺 눈서리 쌓일 **의**	嶷 사람이름 **의** 높을 **억**	이	杝 피나무 **이** 쪼갤 **치**	姢 여자의 자 **이**
珥 귀고리 **이**	爾 너 **이**	二 두 **이**	而 말 이을 **이** 능히 **능**	鳾 제비 **이**
苡 질경이 **이**	夷 오랑캐 **이**	痍 상처 **이**	肄 익힐 **이**	飴 엿 **이** 먹일 **사**

169

耳 귀 이 팔대째 손자 잉	已 이미 이	移 옮길 이 크게 할 치	貽 끼칠 이	邇 가까울 이
彝 법 이	貳 두 이 갖은두 이	怡 기쁠 이	嫛 기쁠 이 기쁠 희 아내 비	以 써 이
羨 벨 이 띠 싹 제	異 다를 이(리)	胒 힘줄이 질길 이	姨 이모 이	弛 늦출 이 베풀 시 떨어질 치
伊 저 이	珆 옥 무늬 태	彛 떳떳할 이	頤 턱 이	易 쉬울 이 바꿀 역
羡 넓을 이	侇 버금 이	廙 공경할 이	咿 선웃음칠 이	尒 너 이
栮 목이 이	洟 콧물 이	訑 으쓱거릴 이	迆 비스듬할 이	隶 미칠 이(대)
熙 넓을 이 아름다울 이	익	益 더할 익 넘칠 일	熤 사람 이름 익	翊 도울 익

170

謚 웃을 익 시호 시	翼 날개 익	瀷 강 이름 익	翊 다음날 익	弋 주살 익
鷁 새 이름 익	인	印 도장 인	瑃 사람 이름 인	忎 어질 인
靷 가슴걸이 인	牣 찰 인	寅 범 인 세째 지지 인	刃 칼날 인	絪 기운 인
仁 어질 인	靭 질길 인	茵 자리 인	忍 참을 인	人 사람 인
蚓 지렁이 인	諲 공경할 인	䩄 작은 북 인	靭 질길 인	忈 어질 인
因 인할 인	引 끌 인	茫 씨 인	儿 어진 사람 인 아이 아 다시 난 이 예	姻 혼인 인 시집갈 인
湮 묻힐 인 막힐 연	認 알 인 적을 잉	氾 젖어 맞붙을 인	咽 목구멍 인 목멜 열 삼킬 연	氤 기운 어릴 인

171

戭	刅	堙	夤	婣
창 인	길 인	막을 인	조심할 인	혼인 인
洇	禋	裀	濥	秵
잠길 인	제사 지낼 인	요 인	물줄기 인	벼꽃 인
靭	䐉	일	溢	佾
작은북 인	등심 인 등골뼈 인		넘칠 일	줄 춤 일
佚	馹	一	逸	鎰
편안할 일 방탕할 질	역말 일	한 일	편안할 일 달아날 일	무게 이름 일
日	壹	昳	泆	軼
날 일	한 일	기쁠 일	끓을 일	앞지를 일 번갈아 질 수레바퀴 연
逸	임	賃	妊	任
편안할 일 달아날 일		품삯 임	아이 밸 임	맡길 임 맞을 임
壬	訂	恁	稔	荏
북방 임	생각할 임	생각할 임 너 님	여물 임	들깨 임

172

姙	衽	銋	餁	誑
아이 밸 **임**	옷깃 **임**	젖을 **임**	익힐 **임**	믿을 **임** 수다할 **임** 사람이름 **임**
絍	입	廿	入	卄
짤 **임**		스물 **입**	들 **입**	스물 **입**
잉	仍	剩	芿	孕
	인할 **잉**	남을 **잉**	풀싹 **잉**	아이 밸 **잉**
媵				
보낼 **잉**				

자	仔 자세할 **자**	恣 마음대로 **자** 방자할 **자**	字 글자 **자**	資 재물 **자**
瓷 사기그릇 **자**	姊 손위 누이 **자**	雌 암컷 **자**	藉 깔 **자** 짓밟을 **적**	茨 지붕 일 **자**
秄 북을 돋울 **자**	子 아들 **자**	咨 물을 **자**	慈 사랑 **자**	自 스스로 **자**
蔗 사탕수수 **자**	姿 모양 **자**	諮 물을 **자**	者 놈 **자**	炙 구울 **자** 구울 **적**
滋 불을 **자**	煮 삶을 **자**	刺 찌를 **자** 찌를 **척** 비방할 **체**	孜 힘쓸 **자**	磁 자석 **자**
疵 허물 **자** 노려볼 **제** 앓을 **새**	紫 자줏빛 **자**	茲 불을 **자** 이 **자**	姉 손위 누이 **자**	呰 구차할 **자**
嬨 여자이름 **자**	孖 쌍둥이 **자**	孳 부지런할 **자**	柘 산뽕나무 **자**	牸 암 컷 **자**

眦	眥	秄	㦱	茈
흘길 **자** 눈초리 **제**	흘길 **자** 눈초리 제 **자**	북돋울 **자**	큰고깃점 **자** 산적점 **자**	지치 **자**

莿	觜	訾	貲	赭
풀가시 **자**	털 뿔 **자**	헐뜯을 **자**	재물 **자**	붉을 흙 **자**

鎡	頾	髭	鮓	鷀
호미 **자**	코밑수염 **자**	코밑수염 **자**	젓 **자**	가마우지 **자**

鷓	粢	茲	褯	泚
자고 **자**	기장 **자**	무성할 **자**	포대기 **자** 자리 **석**	강이름 **자** 맑을 **체**

蚜	작	作	爵	酌
며루 **자**		지을 **작** 저주 **저** 만들 **주**	벼슬 **작**	술 부을 **작** 잔질할 **작**

斫	芍	鵲	舃	雀
벨 **작**	함박꽃 **작** 연밥 **적**	까치 **작**	신 **석** 까치 **작** 클 **탁**	참새 **작**

綽	炸	嚼	昨	勺
너그러울 **작**	터질 **작** 튀길 **찰**	씹을 **작**	어제 **작**	구기 **작**

灼	岝	怍	斮	柞
불사를 **작**	산 높을 **작**	부끄러워할 **작**	쪼갤 **작**	나무 이름 **작**
汋	焯	犳	碏	
삶을 **작**	밝을 **작**	아롱 짐승 **작**	삼갈 **작**	
잔	棧	孱	殘	潺
	사다리 **잔** 성할 **진**	잔약할 **잔**	잔인할 **잔** 남을 **잔**	졸졸 흐를 **잔**
盞	剗	驏	잠	簪
잔 **잔**	깍을 **잔**	안장 얹지 않은 말 **잔**		비녀 **잠** 빠를 **잠**
蠶	潛	暫	岑	箴
누에 **잠** 지렁이 **천**	잠길 **잠**	잠깐 **잠**	봉우리 **잠** 산세가 험준한 모양 **음**	경계 **잠**
潜	涔	잡	雜	卡
잠길 **잠**	괸 물 **잠**		섞일 **잡**	관 **잡**
囃	眨	磼	襍	
장단 잡을 **잡**	눈 깜짝일 **잡**	산 높을 **잡**	섞일 **잡**	

176

장	璋	裝	莊	臧
	홀 **장**	꾸밀 **장**	씩씩할 **장** 전장 **장**	착할 **장**
蔣	奬	葬	杖	場
성씨 **장** 줄 **장**	클 **장**	장사 지낼 **장**	지팡이 **장**	마당 **장**
粧	狀	臟	欌	贓
단장할 **장**	문서 **장** 형상 **상**	오장 **장**	장롱 **장**	장물 **장**
壯	長	帳	丈	仗
장할 **장**	길 **장** 어른 **장**	장막 **장**	어른 **장**	의장 **장**
漿	障	匠	張	藏
즙 **장**	막을 **장**	장인 **장**	베풀 **장**	감출 **장**
掌	章	樟	庄	牆
손바닥 **장**	글 **장**	녹나무 **장**	씩씩할 **장** 전장 **장** 평평할 **팽**	담 **장**
將	奬	檣	獐	薔
장수 **장** 장차 **장**	장려할 **장**	돛대 **장**	노루 **장**	장미 **장** 여뀌 **색**

腸	醬	墻	暲	漳
창자 **장**	장 **장**	담 **장**	밝을 **장**	물 이름 **장**
獎	将	壯	偉	妝
권면할 **장**	장수 **장** 장차 **장**	장할 **장**	놀랄 **장**	꾸밀 **장**
嫱	廧	戕	牂	瘴
높고 가파른 산 **장**	담 **장**	죽일 **장**	암양 **장**	장기 **장**
粧	胖	萇	鄣	鏘
꾸밀 **장**	숫양 **장**	나무 이름 **장**	나무 이름 **장**	금옥 소리 **장**
餦	麞	嶂	재	捚
산자 **장**	노루 **장**	높고 험한 산 **장** 산봉우리 둘릴 **장**		손바닥에 받을 **재**
縡	才	齋	滓	災
일 **재**	재주 **재**	재계할 **재** 집 **재** 상복 **자**	찌꺼기 **재** 찌꺼기 **자** 더럽힐 **치**	재앙 **재**
栽	宰	梓	齎	在
심을 **재**	재상 **재**	가래나무 **재** 가래나무 **자**	가져올 **재** 탄식할 **자**	있을 **재**

178

材	再	財	賕	溦
재목 **재**	두 **재**	재물 **재**	재물 **재**	맑을 **재**
載	哉	裁	湤	榟
실을 **재** 떠받들 **대**	어조사 **재**	마를 **재**	물 이름 **재**	가래나무 **재**
灾	纔	粂	崽	扗
재앙 **재**	겨우 **재**	재계할 **재**	자식 **재/세**	있을 **재**
쟁	錚	爭	諍	箏
	쇳소리 **쟁**	다툴 **쟁**	간할 **쟁**	쇠소리 쟁 **쟁**
崝	猙	琤	鎗	
가파를 **쟁**	짐승 이름 **쟁**	옥 소리 **쟁**	종소리 **쟁**	
저	箸	齟	儲	抵
	젓가락 **저** 붙을 **착**	어긋날 **저** 이 바르지못할 **차**	쌓을 **저**	막을 **저** 칠 **지**
著	貯	咀	姐	藷
나타날 **저** 붙을 **착**	쌓을 **저**	씹을 **저**	누이 **저** 교만할 **저**	감자 **저** 감자 **서**

179

杵	雎	狙	這	渚
공이 **저** 공이 **처**	물수리 **저**	원숭이 **저** 엿볼 **저**	이 **저**	물가 **저**
猪	底	苧	邸	佇
돼지 **저** 암돼지 **차**	밑 **저** 이룰 **지**	모시풀 **저**	집 **저**	우두커니 설 **저**
菹	疽	詛	紵	楮
김치 **저** 늪 **자**	등창 **저**	저주할 **저**	모시 **저**	닥나무 **저**
低	躇	樗	沮	宁
낮을 **저**	머뭇거릴 **저**	가죽나무 **저**	막을 **저**	쌓을 **저**
岨	杼	柢	氐	瀦
돌산 **저**	북 **저**	뿌리 **저**	근본 **저**	웅덩이 **저**
牴	罝	羝	苴	蛆
닿을 **저**	짐승 그물 **저**	숫양 **저**	신바닥 창 **저**	구더기 **저**
袛	褚	觝	詆	陼
속적삼 **저**	솜옷 **저**	닥뜨릴 **저**	꾸짖을 **저**	삼각주 **저**

潴 웅덩이 저	적	寂 고요할 적	蹟 자취 적	迹 자취 적
狄 오랑캐 적	迪 나아갈 적	籍 문서 적 온화할 자	摘 딸 적	跡 발자취 적
敵 대적할 적 다할 활	勣 공적 적	嫡 정실 적	積 쌓을 적 저축 자	的 과녁 적
赤 붉을 적	謫 귀양 갈 적	滴 물방울 적	績 길쌈할 적	翟 꿩 적 고을 이름 책
荻 물억새 적	鏑 화살촉 적	吊 이를 적 조상할 조	適 맞을 적	炙 구울 적 구울 자
賊 도둑 적	笛 피리 적	樀 처마 적	磧 서덜 적	糴 쌀 사드릴 적
菂 연밥 적	覿 볼 적	逖 멀 적	馰 별박이 적	

전	詮	展	傳	前
	설명할 **전**	펼 **전**	전할 **전**	앞 **전** 자를 **전**
畑	煎	錢	悛	筌
화전 **전**	달일 **전**	돈 **전**	고칠 **전** 공손한 모양 **순**	통발 **전**
雋	纏	電	栓	篆
영특할 **준** 살찐 고기 **전** 땅 이름 **취**	얽을 **전**	번개 **전**	마개 **전**	전자 **전**
廛	殿	氈	銓	琠
가게 **전**	전각 **전**	모전 **전**	사람 가릴 **전**	귀막이 **전**
戰	塼	澱	箋	甸
싸움 **전**	벽돌 **전** 뭉칠 **단**	앙금 **전**	기록할 **전**	경기 **전** 육십자 정 **승** 현 이름 **잉**
箭	專	佃	顫	餞
화살 **전**	오로지 **전** 모일 **단**	밭 갈 **전**	떨 **전**	보낼 **전**
剪	典	荃	全	鐫
자를 **전**	법 **전**	겨자 **전** 향풀 **전**	온전할 **전**	새길 **전** 솥 **휴**

塡	轉	癲	田	奠
메울 **전** 진정할 **진**	구를 **전**	미칠 **전**	밭 **전**	정할/제사 **전** 멈출 **정**
顚	鈿	佺	輾	囀
엎드러질 **전** 이마 **전**	비녀 **전**	신선 이름 **전**	돌아누울 **전** 삐걱거릴 **년**	지저귈 **전**
嫥	屇	巓	戩	揃
전일할 **전**	구멍 **전**	산꼭대기 **전**	멸할 **전**	자를 **전**
旃	栴	湔	牋	甎
기 **전**	단향목 **전**	씻을 **전**	장계 **전**	벽돌 **전**
痊	癜	磚	錢	羶
병 나을 **전**	어루러기 **전**	벽돌 **전**	성 **전**	누린내 **전**
翦	腆	膞	躔	輇
자를 **전**	두터울 **전**	저민 고기 **전**	궤도 **전**	상여 차 **전**
遄	錪	鈿	靛	靦
머뭇거릴 **전**	새길 **전**	쇠 **전**	청대 **전**	부끄러워할 **전**

顓	飦	餰	髯	鱣
전단할 **전**	죽 **전**	죽 **전**	살짝 늘어질 **전**	철갑상어 **전**
鸇	吮	澶	畋	鄽
새매 **전**	빨 **전** 기침할 **연**	호수이름 **전** 방종할 **단**	밭 갈 **전**	가게 **전**
절	節	切	竊	絶
	마디 **절**	끊을 **절** 온통체 **체**	훔칠 **절**	끊을 **절**
晢	折	癤	浙	截
밝을 **절** 별 반짝반짝 할 **제**	꺾을 **절** 천천히 할 **제**	부스럼 **절**	강 이름 **절** 일 **석**	끊을 **절**
絕	峯	점	點	粘
끊을 **절**	산모롱이 **절**		점 **점** 시들 **다**	붙을 **점**
漸	占	鮎	岾	店
점점 **점** 적실 **점**	점령할 **점** 점칠 **점**	메기 **점**	땅 이름 **점** 고개 **재**	가게 **점**
霑	点	敁	佔	墊
젖을 **점**	점 **점** 시들 **다**	점찍을 **점** 시들 **다**	볼 **점**	빠질 **점**

玷	笘	簟	苫	蔪
이지러질 **점**	회초리 **점**	삿자리 **점**	이엉 **점**	쌀 **점**

蛅	覘	颭	黏	
쐐기 **점**	엿볼 **점(첨)**	물결 **점**	찰질 **점**	

접	摺	接	蝶	椄
	접을 **접** 접을 **절** 꺾일 **납**	이을 **접**	나비 **접**	접붙일 **접**

楪	蜨	跕	蹀	鰈
평상 **접**	나비 **접**	밟을 **접**	밟을 **접**	가자미 **접(탑)**

정	娗	呈	精	偵
	단장할 **정**	드릴 **정** 한도 **정**	정할 **정** 찧을 **정**	염탐할 **정**

政	鄭	停	靖	錠
정사 **정** 칠 **정**	나라 **정**	머무를 **정**	편안할 **정**	덩이 **정**

貞	頂	井	靜	征
곧을 **정**	정수리 **정**	우물 **정**	고요할 **정**	칠 **정** 부를 **징**

鋌	晸	碇	汀	靘
쇳덩이 **정**	해 뜨는 모양 **정**	닻 **정**	물가 **정**	검푸른빛 **정**
程	姃	梃	胜	灯
한도 **정** 길 **정**	엄전할 **정**	막대기 **정**	비릴 **성** 이길 **승** 새 이름 **정**	등잔 **정** 등 **등**
淨	情	禎	眐	埩
깨끗할 **정**	뜻 **정**	상서로울 **정**	바라볼 **정**	밭 갈 **정**
玎	町	亭	整	湞
옥 소리 **정** 옥 소리 **쟁**	밭두둑 **정** 빈 터 **전**	정자 **정**	가지런할 **정**	물 이름 **정**
正	鉦	楨	綎	珵
바를 **정** 정월 **정**	징소리 **정**	광나무 **정**	가죽 띠 **정**	옥 이름 **정**
穽	訂	柾	鼎	艇
함정 **정**	바로잡을 **정**	사람 이름 **정** 널 **구**	솥 **정**	배 **정**
静	諪	霆	淀	幁
고요할 **정**	조정할 **정**	천둥 소리 **정**	앙금 **정** 앙금 **전**	그림 족자 **정** 그림 족자 **탱**

丁	酊	挺	睛	廷
고무래 정 장정 전	술 취할 정	빼어날 정	눈동자 정	조정 정
佂	瀞	靘	朾	釘
황급할 정	깨끗할 정	단정할 정	칠 정	못 정
庭	鋥	炡	淳	定
뜰 정	칼날 세울 정	빛날 정	물 괼 정	정할 정 이마 정
桯	涏	珵	婷	旌
기둥 정	곧을 정	패옥 정	예쁠 정	기 정
晶	檉	佂	掟	頲
맑을 정	위성류 정	긴 모양 정	둘러칠 정	곧을 정
叮	婧	怔	棖	疔
정성스러울 정	날씬할 정	두려워할 정	문설주 정	정 정
筳	莛	醒	遉	証
꾸리 대 정	줄기 정	숙취 정	엿볼 정	간할 정 증거 증

			제	題
頹	彭			제목 제
예쁠 정	조촐하게 꾸밀 정			
아름다운 모양 정	모직물 정			
齊	薺	際	弟	臍
가지런할 제		즈음 제	아우 제	
재계할 재	냉이 제	가 제	기울어질 퇴	배꼽 제
옷자락 자				
第	蹄	制	媞	啼
		절제할 제	안존할 제	
차례 제	굽 제	지을 제	복 시	울 제
霽	劑	堤	儕	帝
	약제 제	둑 제		
비 갤 제	엄쪽 자	대개 시	무리 제	임금 제
禔	除	濟	諸	醍
복 제			모두 제	
복 지	덜 제	건널 제	김치 저	맑은 술 제
복 시	음력 사월 여		어조사 저	
梯	祭	瑅	済	姼
	제사 제			
사다리 제	나라 이름 채	옥 이름 제	건널 제	예쁠 제
娣	擠	猘	睇	稊
여동생 제	밀 제	미친 개 제	흘끗 볼 제	돌피 제

緹	踶	蹄	躋	鍗
붉은 비단 제	찰 제	굽 제	오를 제	큰 가마 제
隄	鯷	偙	晢	霽
둑 제	메기 제	준걸 제	반짝반짝할 제 밝을 절	회 제
鮧	悌	製	提	
메기 제 복 이	공손할 제	지을 제	끌 제 떼지어 날 시	
조	璪	朝	爪	租
	면류관 드림 옥 조	아침 조 고을 이름 주	손톱 조	조세 조 쌀 저
助	凋	彫	趙	嘲
도울 조 없앨 서	시들 조	새길 조	나라 조 찌를 조	비웃을 조
棗	藻	蚤	躁	早
대추 조	마름 조	벼룩 조	조급할 조	이를 조
窕	造	調	阻	雕
으늑할 조 예쁠 요	지을 조	고를 조 아침 주	막힐 조	독수리 조 새길 조

189

昭	祚	燥	條	糟
비출 조 밝을 소	복 조	마를 조	가지 조	지게미 조
組	弔	措	照	曹
짤 조	조상할 조 이를 적	둘 조 섞을 착 찌를 척	비칠 조	무리 조 성씨 조
兆	操	繰	肇	眺
조 조	잡을 조	야청 통견 조 고치 켤 소	비롯할 조	바라볼 조
釣	曺	鳥	遭	潮
낚을 조 낚시 조	성씨 조 무리 조	새 조 땅 이름 작 섬 도	만날 조	밀물 조 조수 조
祖	漕	詔	槽	嶆
할아버지 조 조상 조	배로 실어 나를 조	조서 조 소개할 소	구유 조	깊을 조
佻	傮	刁	厝	嘈
방정맞을 조	마칠 조	바라 조	둘 조 숫돌 착	지껄일 조
噪	嬥	徂	懆	找
떠들썩할 조	날씬할 조	갈 조	근심할 조	채울 조

190

殂 죽을 조	澡 씻을 조	琱 옥 다듬을 조	皁 하인 조	祧 조묘 조
竈 부엌 조	笊 조리 조	糙 매조미쌀 조	糶 쌀 내어 조	綃 실 수효 조
絛 끈 조	胙 제 지낸 고기 조	臊 누릴 조	艚 거룩배 조	蔦 담쟁이 조
蜩 매미 조	誂 꾈 조	譟 시끄러울 조	銚 가래 조 쟁개비 요	錭 불리지 않은 쇠 조
鯛 도미 조	鵰 수리 조	朝 아침 조	釣 낚을 조 낚시 조	枣 대추 조
粗 거칠 조	晁 아침 조 고을 이름 주	俎 도마 조	稠 빽빽할 조 많을 주	
족	族 겨레 족 풍류 가락 주	鏃 화살촉 족 호미 착	簇 가는 대 족 모일 족 화살촉 착	足 발 족 지나칠 주

191

瘯	존	尊	存	拵
피부병 이름 **족**		높을 **존** 술그릇 **준**	있을 **존**	꽂을 **존**
졸	拙	卒	猝	
	옹졸할 **졸**	마칠 **졸** 버금 **쉬**	갑자기 **졸**	
종	璁	淙	從	椶
	패옥 소리 **종**	물소리 **종** 물 댈 **상**	좇을 **종**	종려나무 **종**
倧	踵	終	縱	蹤
즐길 **종**	발꿈치 **종**	마칠 **종**	세로 **종** 바쁠 **총**	발자취 **종**
鐘	柊	種	倧	慫
쇠북 **종**	나무 이름 **종**	씨 **종**	상고 신인 **종**	권할 **종**
鍾	腫	琮	綜	踪
쇠북 **종** 술병 **종**	종기 **종**	옥홀 **종**	모을 **종**	자취 **종**
宗	棕	伀	憽	樅
마루 **종**	종려나무 **종**	두려워할 **종**	생각할 **종**	전나무 **종**

尰	螽	**좌**	坐	左
수중다리 **종**	누리 **종**		앉을 **좌**	왼 **좌**
座	挫	佐	剉	痤
자리 **좌**	꺾을 **좌**	도울 **좌**	누리 **좌**	뾰루지 **좌**
莝	髽	**죄**	罪	
여물 **좌**	북상투 **좌**		허물 **죄**	
주	注	珠	紸	邾
	부을 **주** 주를 달 **주**	구슬 **주**	껑거리끈 **주** 주임금 **주**	나라 이름 **주**
週	柱	綢	輳	酎
돌 **주**	기둥 **주** 버틸 **주**	얽을 **주** 쌀 **도**	몰려들 **주**	전국술 **주**
燽	州	紬	腠	拄
밝을 **주**	고을 **주**	명주 **주**	부추길 **주** 부추길 **수**	버틸 **주**
駐	主	侏	湊	澍
머무를 **주**	임금 **주** 주인 **주**	난쟁이 **주**	모일 **주**	단비 **주**

宙	晝	廚	奏	絑
집 주	낮 주	부엌 주	아뢸 주	붉을 주
呪	做	洲	舟	周
빌 주	지을 주	물가 주	배 주	두루 주
蛛	誅	住	朱	晭
거미 주	벨 주	살 주	붉을 주	밝을 주
株	疇	酒	貯	鉒
그루 주	귀 주	술 주	재물 주	쇳돌 주
籌	鑄	走	冑	姝
살 주	불릴 주	달릴 주	투구 주	예쁠 주
姓	遒	椆	珘	絑
사람 이름 주	닥칠 주	나무 이름 주	구슬 주	이을 주
晭	丟	侜	儔	尌
햇빛 주	잃어버릴 주	속일 주	짝 주	세울 주

194

幬	硃	籀	鼄	腠
휘장 주	주사 주	주문 주	거미 주	살결 주
蛀	裯	說	賙	趎
나무좀 주	홑이불 주 속적삼 도	빌 주	진휼할 주	사람 이름 주
輈	霔	晭	調	肘
끌채 주	장마 주	밝을 주	고를 주 아침 주	장부 주
蔟	霌	躊	逎	註
대주 주 섶 족 작살 착	운우모양 주	머뭇거릴 주	닥칠 주	글 뜻 풀 주
疇	炷	죽	竹	粥
이랑 주 누구 주	심지 주		대 죽	죽 죽 팔 육
준	純	隼	俊	准
	가선 준 순수할 순 묶을 돈	송골매 준	준걸 준 순임금 순	준할 준 콧마루 절
餕	僔	焌	駿	晙
대궁 준	모일 준	구울 준 태울 출	준마 준	밝을 준

195

畯	墫	儁	蠢	準
농부 준	과녁 준	준걸 준	꾸물거릴 준	준할 준 콧마루 절
睃	峻	迿	鐏	雋
볼 준	높을 준 준엄할 준	앞설 준	기쁠 준	영특할 족 살찐 고기 전 땅이름 취
寯	逡	陖	葰	準
모일 준	뒷걸음질칠 준	가파를 준	클 준 생강 준 고을 이름 사	준할 준 콧마루 절
惷	睿	埈	鐏	撙
어수선할 준	준설할 준 밝을 예	높을 준	술 통 준	누를 준
綧	罇	鱒	踆	蹲
피륙 넓이 준	술두루미 준	송어 준	그칠 준	웅크릴 준
駿	皴	壿	儁	憻
금계 준 관이름 준	주름 준	술통 준	뛰어날 준 빼어날 준	똑똑할 준
俊	竣	遵	濬	浚
준걸 준	마칠 준 마칠 전	좇을 준	깊을 준	깊게 할 준

樽	朱	茁	壿	
술통 준	줄	싹 줄 싹틀 찰 싹 절	술통 줄	
中	重	中	衆	仲
중	무거울 중 아이 동	가운데 중	무리 중	버금 중
衆	즉	卽	即	喞
무리 중	즉	곧 즉	곧 즉	물대일 즉 찍찍거릴 즉 두근거릴 질
즐	櫛	騭	즙	檝
즐	빗 즐	수말 즐	즙	노 즙
楫	汁	葺	蕺	
노 즙 노 집	즙 즙 맞을 협 고을 이름 십	기울 즙 기울 집	삼백초 즙	
증	甑	嶒	矰	罾
증	시루 증	산 높고 험할 증	주살 증	어망 증
拯	烝	繒	增	症
건질 증	김 오를 증	비단 증	더할 증 겹칠 층	증세 증 적취 징

贈	證	蒸	曾	憎
줄 증	증거 증	찔 증	일찍 증	미울 증
지	指	支	池	誌
	가리킬 지	지탱할 지	못 지 강 이름 타 제거할 철	기록할 지
芝	智	旨	之	枝
지초 지	슬기 지 지혜 지	뜻 지	갈 지	가지 지 육손이 기
駐	枳	遲	漬	洔
굳셀 지	탱자 지 탱자 기	더딜 지 늦을 지	담글 지	섬 지
底	肢	沚	咫	紙
숫돌 지	팔다리 지	물가 지	여덟치 지	종이 지
只	祗	贄	志	趾
다만 지 외짝 척	다만 지 공경할 지 땅귀신 기	폐백 지 움직이지 아니할 얼	뜻 지 기치 치	발 지
止	地	知	吱	持
그칠 지	땅 지	알 지	가는 소리 지	가질 지

摯	至	芷	砥	泜
잡을 지	이를 지 덜렁대는 모양 질	어수리 지	숫돌 지	붙을 지
址	恀	坻	搘	舐
터 지	믿을 지	머무를 지	버틸 지	만날 지
坻	墀	楮	泜	痣
모래섬 지	계단 위의 공지 지	주춧돌 지	강 이름 지	사마귀 지
秪	簅	舓	踟	躓
벼 처음 익을 지	저 이름 지	핥을 지	머뭇거릴 지	넘어질 지
軹	阯	鮨	鷙	抵
굴대 머리 지	터 지	젓갈 지	맹금 지	손바닥 지
褆	劥	知	嬌	識
복 지/제	군건할 지	알 지	슬기 지 지혜 지	적을 지 알 식 깃발 치
蜘	脂	祉	誌	
거미 지	기름 지	복 지	기록할 지	

직	稙 올벼 **직**	織 짤 **직** 기치 **치**	職 직분 **직**	稷 피 **직**
禝 사람 이름 **직**	直 곧을 **직** 값 **치**	진	縝 고울 **진**	槇 결고을 **진** 나무 끝 **전**
晉 나아갈 **진** 진나라 **진**	搢 꽂을 **진** 흔들 **장**	塵 티끌 **진**	尽 다할 **진**	真 참 **진**
秦 성씨 **진** 나라 이름 **진**	昣 밝을 **진** 흘겨볼 **미**	栚 평고대 **진**	溱 많을 **진**	鎭 진압할 **진** 메울 **전**
儘 다할 **진**	眞 참 **진**	縉 붉은 비단 **진**	稹 빽빽할 **진**	震 우레 **진** 애 밸 **신**
軫 수레 뒤턱 나무 **진**	賑 구휼할 **진**	診 진찰할 **진**	瑱 귀막이 옥 **전** 누를 **진**	唇 놀랄 **진** 입술 **순**
抮 되돌릴 **진**	蓁 우거질 **진**	昣 밝을 **진**	殄 다할 **진**	枃 바디 **진**

臻	袗	瑨	盡	禛
이를 진	홑옷 진	아름다운 돌 진	다할 진	복 받을 진
蒭	塡	辰	嗔	畛
더워지기 진	진정할 진 메울 전	별 진 때 신	성낼 진 성한 모양 전	두둑 진
榛	珍	疹	進	瞋
개암나무 진	보배 진	마마 진	나아갈 진 선사 신	부릅뜰 진
鉁	晉	璡	眹	侲
보배 진	진나라 진 나아갈 진 물 이름 전	아름다운 돌 진	눈동자 진 눈동자 접	동자 진
珒	璷	趁	鬒	臇
옥 이름 진	설렐 진	좇을 진	숱 많을 진	젓갈 진
僗	陳	振	璘	陣
다스릴 진	베풀 진 묵을 진	떨칠 진	옥돌 진	진 칠 진
津	질	叱	瓆	窒
나루 진		꾸짖을 질	사람 이름 질	막힐 질

跌	膣	帙	嫉	桎
거꾸러질 **질**	음도 **질**	책권 차례 **질**	미워할 **질**	차꼬 **질**

疾	佚	蛭	姪	質
병 **질**	어리석을 **질** 조카 **질**	거머리 **질**	조카 **질**	바탕 **질** 폐백 **지**

秩	迭	垤	絰	蒺
차례 **질**	번갈아들 **질** 범할 **일**	개밋둑 **질**	질 **질**	납가새 **질**

郅	鑕	짐	斟	朕
고을 이름 **질**	모루 **질**		짐작할 **짐** 짐작할 **침**	나 **짐**

鴆	집	楫	鏶	輯
짐새 **짐**		노 **즙** 노 **집**	판금 **집**	모을 **집**

緝	潗	集	執	什
모을 **집** 이을 **즙**	샘솟을 **집**	모을 **집**	잡을 **집**	세간 **집** 열 사람 **십**

咠	戢	濈	징	懲
참소할 **집**	거둘 **집** 그칠 **즙**	샘솟을 **집**		징계할 **징**

澄	徵	澂	癥	瞪
맑을 **징** 나뉠 **등**	부를 **징** 음률 이름 **치**	맑을 **징**	적취 **징**	바로 볼 **징**
潛 맑을 **징**				

차	礳 갈 차 삭은 뼈 자	硨 옥돌 차 조개 이름 거	且 또 차 공경스러울 저 도마 조	箚 찌를 차
	蹉 미끄러질 차	瑳 고울 차	車 수레 차 수레 거	侘 낙망할 차	嗟 탄식할 차
	次 버금 차 머뭇거릴 차	叉 갈래 차 작살 차	奲 관대할 차 풍부할 다	嵯 우뚝 솟을 차 울쑥불쑥할 치	遮 가릴 차 이 저
	此 이 차	差 다를 차 차별 치 버금 채	姹 자랑할 차 자랑할 타	茶 차 차 차 다	借 빌릴 차
	佽 도울 차	岔 갈림길 차 산 높을 분	猎 빌릴 차	槎 엇찍을 차 뗏 목 사	鹺 소금 차
착	齪 악착할 착	搾 짤 착 술주자 자	捉 잡을 착	鑿 뚫을 착 구멍 조 새길 촉
	錯 어긋날 착 둘 조	窄 좁을 착	着 붙을 착 나타날 저	戳 창으로 찌를 착	擉 찌를 착

斵 깎을 착	찬	瓚 옥잔 찬	纂 모을 찬	撰 지을 찬 가릴 선
餐 밥 찬 물말이할 손	璨 옥빛 찬 빛날 찬	攢 모일 찬	燦 빛날 찬	纘 이을 찬
竄 숨을 찬	讃 기릴 찬	巑 산 뾰족할 찬	贊 도울 찬	讚 기릴 찬
簒 빼앗을 찬	欑 모을 찬	儹 모일 찬	鑽 뚫을 찬	篡 빼앗을 찬
儹 모일 찬	澯 맑을 찬	饌 반찬 찬 지을 찬 여섯 냥 선	粲 정미 찬	贊 도울 찬
劗 끊을 찬 깎을 전	爨 불 땔 찬	趲 놀라 흩어질 찬	孱 희고 환할 찬	
찰	刹 절 찰	紮 감을 찰	擦 문지를 찰	札 편지 찰 뽑을 찰

察	扎	참	懺	讒
살필 **찰**	뺄 **찰**		뉘우칠 **참** 뉘우칠 **천**	참소할 **참**
塹	慘	讖	站	僭
구덩이 **참** 낮을 **점**	참혹할 **참** 우울해질 **조**	예언 **참**	역마을 **참** 우두커니 설 **참**	주제넘을 **참**
慙	斬	參	慚	儳
부끄러울 **참**	벨 **참**	참여할 **참** 석 **삼**	부끄러워할 **참**	어긋날 **참**
嶄	巉	憯	攙	槧
높을 **참**	가파를 **참**	슬퍼할 **참**	찌를 **참**	판 **참**
槮	毚	譖	鏨	鑱
살별 **참**	토끼 **참**	참소할 **참**	끌 **참**	보습 **참**
饞	驂	黲	창	蒼
탐할 **참**	곁마 **참**	검푸르죽죽할 **참**		푸를 **창**
暢	創	瘡	脹	倡
화창할 **창**	비롯할 **창** 다칠 **창**	부스럼 **창**	부을 **창** 창자 **장**	광대 **창**

唱	滄	漲	昶	槍
부를 **창**	큰 바다 **창**	넘칠 **창**	해 길 **창** 트일 **창**	창 **창** 칠 **추**
彰	娼	菖	敞	廠
드러날 **창**	창녀 **창**	창포 **창**	시원할 **창**	공장 **창**
猖	倉	昌	艙	窓
미쳐 날뛸 **창**	곳집 **창**	창성할 **창**	부두 **창**	창 **창** 굴뚝 **총**
愴	淐	淌	倀	傖
슬플 **창**	물 이름 **창**	큰 물결 **창**	미칠 **창**	천할 **창**
滄	刅	悵	惝	戧
찰 **창**	롯할 **창**	슬퍼할 **창**	멍할 **창**	다칠 **창**
搶	氅	瑲	窻	蹌
닿을 **창**	새털 **창**	옥 소리 **창(장)**	창 **창**	주창할 **창**
鋹	闛	鬯	鶬	倡
날카로울 **창**	천문 **창**	울창주 **창**	왜가리 **창**	사람이름 **창**

채	責 빚 **채** 꾸짖을 **책**	釵 비녀 **채** 비녀 **차**	睬 주목할 **채**	寨 목책 **채**
綵 비단 **채**	蔡 성씨 **채** 내칠 **살**	債 빚 **채**	採 캘 **채** 풍채 **채**	採 참나무 **채**
砦 진터 **채**	寀 녹봉 **채**	琗 옥빛 **채** 주옥의 광채 **쉬** 옥빛 **신**	彩 채색 **채**	埰 사패지 **채**
婇 여자의 자 **채**	采 빛날 **채** 풍채 **채** 캘 **채**	菜 나물 **채**	茝 구리때 **채**	
책	冊 책 **책**	栅 울타리 **책**	策 꾀 **책** 채찍 **책**	責 꾸짖을 **책** 빚 **책**
册 책 **책**	嘖 외칠 **책**	幘 건 **책**	磔 책형 **책**	簀 살평상 **책**
蚱 벼메뚜기 **책**	筴 책 **책** 채칙 **책**	처	妻 아내 **처**	處 곳 **처**

悽 슬퍼할 처 바쁠 서	凄 쓸쓸할 처 찰 처	淒 쓸쓸할 처	萋 풀 성하게 우거진 모양 처	覷 엿볼 처
郪 고을 이름 처	척	墌 터 척	倜 기개 있을 척 어긋나게 뻗을 주	尺 자 척
隻 외짝 척	擲 던질 척	慽 근심할 척	剔 뼈 바를 척 깎을 체	刺 찌를 척 찌를 자 수라 라
蹠 밟을 척	脊 등마루 척	拓 넓힐 척 주울 척 박을 탁	滌 씻을 척 물 이름 조	斥 물리칠 척 방자할 탁 성씨 자
陟 오를 척	瘠 여윌 척	戚 친척 척 근심할 척 재촉할 촉	慼 근심할 척	坧 터 척
摭 칠 척	堉 박토 척	惕 두려워할 척	摘 주울 척	蜴 도마 뱀 척
跖 발바닥 척	躑 머뭇거릴 척	천	釧 팔찌 천	仟 일천 천 받두둑 천

209

韆	玔	遷	擅	淺
그네 천	옥고리 천	옮길 천	멋대로 할 천	얕은 천 물을 끼얹을 전
穿	舛	千	茜	阡
뚫을 천	어그러질 천 잡될 준	일천 천 밭두둑 천 그네 천	꼭두서니 천	두렁 천
川	賤	闡	踐	泉
내 천	천할 천	밝힐 천	밟을 천	샘 천
薦	喘	天	俴	倩
천거할 천 꽂을 진	숨찰 천	하늘 천	엷을 천	예쁠 천
僤	洊	濺	祆	辿
머뭇거릴 천	이를 천	흩뿌릴 천	하늘 천	거듭 천
芊	荐	蒨	蕆	迁
풀 무성할 천	거듭할 천	풀 더북할 천	경계할 천	천천히 걸을 천
儃	靝	**철**	徹	悊
등질 천	하늘 천		통할 철	밝을 철

綴	澈	轍	撤	凸
엮을 **철**	맑을 **철**	바퀴 자국 **철**	거둘 **철**	볼록할 **철**
哲	鐵	輟	瞮	喆
밝을 **철**	쇠 **철**	그칠 **철**	눈 밝을 **철**	밝을 **철** 쌍길 **철**
鉄	剟	啜	惙	掇
쇠 **철** 꿰맬 **질** 곱상스러울 **석**	깎을 **철**	마실 **철**	근심할 **철**	주울 **철**
歠	銕	錣	餮	埑
마실 **철**	쇠 **철**	물미 **철**	탐할 **철**	밝을 **철**
飻	첨	詹	沾	僉
탐할 **철** 탐할 **전**		이를 **첨** 넉넉할 **담** 두꺼비 **섬**	더할 **첨** 젖을 **점** 경망할 **접**	다 **첨** 여러 **첨**
諂	籤	甜	瞻	添
아첨할 **첨**	제비 **첨**	달 **첨**	볼 **첨**	더할 **첨**
尖	簽	恬	幨	忝
뾰족할 **첨**	제비 **첨**	달 **첨**	휘장 **첨**	더럽힐 **첨**

憸 팰 **첨**	檐 처마 **첨**	櫼 쐐기 **첨**	瀸 적실 **첨**	簷 처마 **첨**
襜 행주치마 **첨**	**첩**	諜 염탐할 **첩** 말 잇닿을 **섭**	疊 거듭 **첩** 겹쳐질 **첩**	睫 속눈썹 **첩** 깜작일 **섭**
輒 문득 **첩**	妾 첩 **첩**	堞 성가퀴 **첩**	帖 문서 **첩** 체지 **체**	牒 편지 **첩**
貼 붙일 **첩**	捷 이길 **첩** 빠를 **첩** 꽂을 **삽**	倢 빠를 **첩**	呫 소근거릴 **첩**	喋 재잘거릴 **첩**
怗 고요할 **첩**	褻 겹옷 **첩**	**청**	淸 서늘할 **청**	圊 뒷간 **청**
鯖 청어 **청** 잡회 **정**	廳 관청 **청**	晴 갤 **청**	靑 푸를 **청**	菁 우거질 **청** 순무 **정**
請 청할 **청**	淸 맑을 **청**	聽 들을 **청**	靑 푸를 **청**	淸 맑을 **청**

212

蜻 귀뚜라미 **청**	鶄 해오라기 **청**	婧 날씬한 **청**	請 청할 **청**	晴 갤 **청**
체	締 맺을 **체**	涕 눈물 **체**	替 바꿀 **체** 참람할 **참**	諦 살필 **체** 울 **제**
遞 갈릴 **체** 두를 **대**	滯 막힐 **체**	剃 머리 깎을 **체**	切 온통 **체** 끊을 **절**	逮 잡을 **체** 탈 **태**
體 몸 **체**	諟 살필 **체** 이 **시**	棣 산앵두나무 **체**	彘 돼지 **체**	殢 나른할 **체**
砌 섬돌 **체**	蒂 가시 **체**	蔕 가시 **체**	靆 구름 낄 **체**	玼 옥빛 깨끗할 **체** 옥의 돌티 **자**
髢 머리깍을 **체**	**초**	草 풀 **초**	醮 제사 지낼 **초**	剿 끊을 **초**
樵 나무할 **초**	初 처음 **초**	苕 완두 **초** 풀 이름 **소**	肖 닮을/같을 **초** 꺼질 **소**	抄 뽑을 **초** 두벌갈이할 **초**

超	焦	鈔	秒	憔
뛰어넘을 초	탈 초	좋은 쇠 초	분초 초 까끄라기 묘	파리할 초
招	稍	俏	梢	楚
부를 초 지적할 교 풍류 이름 소	점점 초 끝 초 구실 소	거문고 탈 소 닮을 초	나무가지 끝 초 마들가리 소	초나라 초 회초리 초
貂	酢	礁	硝	岧
담비 초	신맛 나는 조미료 초 잔 돌릴 작	암초 초	화약 초	높을 초
醋	椒	炒	礎	哨
초 초 잔 돌릴 작	산초나무 초	볶을 초	주춧돌 초	망볼 초
蕉	艸	愀	僬	勦
파초 초	풀 초	근심할 초	명찰할 초	노곤할 초
噍	嫶	峭	嶕	怊
먹을 초	수척할 초	산 가파를 초	높을 초	슬플 초
悄	愁	杪	燋	綃
근심할 초	정색할 초	끝 초	홰 초	생사 초

秒	誚	譙	趒	軺
밭 거듭 갈 **초**	꾸짖을 **초**	꾸짖을 **초**	멀 **초**	수레 **초**
迢	鈔	鍫	鞘	顦
멀 **초**	노략질할 **초**	가래 **초**	칼집 **초**	파리할 **초**
髫	鷦	齠	髎	鍫
다박머리 **초**	뱁새 **초**	이 갈 **초**	색 고은빛 **초**	가래 **초**
촉	促	囑	燭	蜀
	재촉할 **촉** 악착스러울 **착**	부탁할 **촉**	촛불 **촉**	나라 이름 **촉**
觸	矗	爥	矚	蠋
닿을 **촉**	우거질 **촉**	촛불 **촉**	볼 **촉**	촉규화 **촉**
躅	髑	矚	**촌**	村
머뭇거릴 **촉**	해골 **촉**	부탁할 **촉**		마을 **촌**
忖	寸	邨	叮	
헤아릴 **촌**	마디 **촌**	마을 **촌**	인지 **촌** 꾸짖을 **두**	

총	銃 총 총	冢 무덤 총	摠 다 총 합할 총	寵 사랑할 총 현 이름 룡
聰 귀 밝을 총	悤 바쁠 총 총명할 총	憁 분주할 총	總 다 총 합할 총	叢 떨기 총 모일 총
聡 귀 밝을 총	総 다 총 합할 총	塚 무덤 총	蓯 파 총 짐수레 창	葱 파 총
蓯 우거질 총 육종용 종	鏦 창 총	驄 총이말 총	촬	撮 모을 촬 사진 찍을 촬
최	崔 성씨 최 높을 최	催 재촉할 최	最 가장 최	嘬 물 최
摧 꺾을 최	榱 서까래 최	漼 깊은 모양 최	璀 옥빛 찬란할 최	磪 산 높고 험한 모양 최
繀 상복 이름 최	朡 갓난아이 음부 최	추	推 밀 추 밀 퇴	墜 떨어질 추

216

鄒	皺	椎	鰌	騶
추나라 추	주름 추	쇠뭉치 추 등골 추	미꾸라지 추	마부 추
抽	湫	芻	秋	樞
뽑을 추	다할 추 낮을 초	꼴 추	가을 추 밀치 추	지도리 추 나무 이름 우
雛	追	鎚	萩	錘
병아리 추	쫓을 추 따를 추 갈 퇴	쇠망치 추 옥 다듬을 퇴	사철쑥 추	저울추 추
錐	酋	諏	趨	楸
송곳 추	우두머리 추	물을 추	달아날 추 재촉할 촉	가래 추
醜	鰍	僦	啾	娵
추할 추	미꾸라지 추	빌 추	소리 추	별 이름 추
帚	惆	箠	摰	搥
비 추	심심할 추	종아리 칠 추	모을 추	칠 추
甃	瘳	箠	簉	縋
벽돌담 추	나을 추	채칙 추	버금자리 추	매어달 추

217

縐	蒭	陬	隹	鞦
주름질 추	꼴 추	모퉁이 추	새 추	그네 추

騅	雛	鷲	鶖	麤
오추마 추	호도애 추	무수리 추	원추 추	거칠 추

魋	穐	축	縮	筑
몽치머리 추 퇴곰 퇴	가을 추		줄일 축	악기 이름 축 쌓을 축

竺	逐	軸	畜	築
나라 이름 축 두터울 독	쫓을 축 돼지 돈 급급할 모양 적	굴대 축	짐승 축 쌓을 축 기를 휵	쌓을 축 악기 이름 축

蹴	蹙	祝	蓄	丑
찰 축	닥칠 축 줄어들 척	빌 축 저주할 주	모을 축 겨울푸성귀 휵	소 축 추할 추

舳	豕	蹐	鼀	妯
고물 축	발얽은 돼지 걸음 축	종종걸음 칠 축	두꺼비 축	동시 축 두근거릴 추

춘	椿	春	賰	瑃
	참죽나무 춘	봄 춘 움직일 준	넉넉할 춘	옥 이름 춘

출	出 날 출 단락 척	朮 차조 출	黜 내칠 출	秫 차조 출
충	沖 화할 충 빌 충 찌를 충	蟲 벌레 충 벌레 훼 찔 동	充 채울 충	珫 귀고리 옥 충
虫 벌레 훼 벌레 충 찔 동	冲 화할 충 빌 충 찌를 충	衝 찌를 충 뒤얽힐 종	忠 충성 충	衷 속마음 충
忡 근심할 충	췌	萃 모을 췌	悴 파리할 췌 파리할 취	膵 췌장 췌
贅 혹 췌	惴 두려워할 췌	揣 잴 췌	瘁 병들 췌	顇 파리할 췌
취	聚 모을 취	取 가질 취	脆 연할 취	嘴 부리 취
翠 푸를 취 물총새 취	趣 뜻 취 재촉할 촉 벼슬 이름 추	就 나아갈 취 관대할 여	吹 불 취	臭 냄새 취 맡을 후

醉	驟	鷲	娶	炊
취할 취	달릴 취	독수리 취	장가들 취 중매들 서	불 땔 취
冣	橇	毳	측	側
쌓을 취	썰매 취 덧신 교	솜털 취		곁 측
仄	惻	廁	測	厠
기울 측	슬퍼할 측	뒷간 측	헤아릴 측	뒷간 측
昃	층	層	치	熾
기울 측		층 층		성할 치
嗤	穉	痴	淄	馳
비웃을 치	어릴 치	어리석을 치	검은 빛 치	달릴 치
峙	値	梔	痔	癡
언덕 치	값 치	치자나무 치	치질 치	어리석을 치
緇	恥	緻	蚩	置
검을 치	부끄러울 치	빽빽할 치 이를 치	어리석을 치	둘 치

雉 꿩 **치** 짐승 이름 **사** 땅 이름 **이**	稚 어릴 **치**	輜 짐수레 **치**	治 다스릴 **치** 강 이름 **이**	齒 이 **치**
致 이를 **치** 빽빽할 **치**	侈 사치할 **치**	幟 기 **치**	鴟 솔개 **치**	卮 잔 **치**
哆 클 **치**	寘 둘 **치**	時 재터 **치**	痓 풍병 **치**	絺 칡베 **치**
菑 묵정밭 **치**	薙 깍을 **치** 풀 후려쳐 벨 **체**	褫 빼앗을 **치**	豸 발 없는 벌레 **치**	跱 머뭇거릴 **치**
錙 저울눈 **치**	陊 떨어질 **치** 비탈길 **타** 비스듬할 **이**	鯔 숭어 **치**	鴟 솔개 **치**	鴙 꿩 **치**
칙	敕 조서 **칙**	勅 칙서 **칙** 신칙할 **칙**	則 법칙 **칙** 곧 **즉**	飭 신칙할 **칙**
친	親 친할 **친**	櫬 무궁화나무 **친** 널 **츤**	襯 속옷 **친**	

칠	柒 옻 **칠** 일곱 **칠** 삼갈 **철**	漆 옻 **칠** 일곱 **칠** 삼갈 **철**	七 일곱 **칠**	
침	針 바늘 **침**	梣 무성할 **림** 우거질 **침**	沈 잠길 **침** 성씨 **심**	砧 다듬잇돌 **침**
浸 잠길 **침**	枕 베개 **침**	寢 잘 **침**	琛 보배 **침**	鍼 침 **침**
侵 침노할 **침**	寖 잠길 **침**	忱 정성 **침**	郴 고을 이름 **침**	鋟 새길 **침**
駸 말달릴 **침**	椹 모탕 **침** 오디 **심**	칩	蟄 숨을 **칩**	
칭	稱 일컬을 **칭** 저울 **칭**	秤 저울 **칭**		

쾌	快	夬	噲	
	쾌할 **쾌**	터놓을 **쾌** 쾌괘 **쾌** 깍지 **결**	목구멍 **쾌**	

타	陀 비탈질 타 사타 타	舵 키 타	駝 실을 타 실을 태	唾 침 타
打 칠 타	拖 끌 타	惰 게으를 타	橢 길쭉할 타 쉐롱 가데그릇 와	妥 온당할 타
駞 낙타 타	朶 늘어질 타	咤 꾸짖을 타	墮 떨어질 타 무너뜨릴 휴	他 다를 타
楕 길고 둥글 타	詑 자랑할 타 잔드릴 투 고할 하	坨 비탈질 타	拕 끌 타	柁 키 타
沱 물 이름 타	佗 성 타 더할 타	跥 헛디딜 타	躱 비킬 타	鮀 모래무지 타
鴕 타조 타	鼉 악어 타	訑 속일 타 으쓱거릴 이	駞 곱시등이 타	
탁	踔 멀 탁 달리 초	倬 클 탁	琢 다듬을 탁	橐 전대 탁

224

坼 터질 **탁**	鐸 방울 **탁**	卓 높을 **탁**	度 헤아릴 **탁** 법도 **도** 살 **택**	槖 전대 **탁**
拓 박을 **탁** 넓힐 **척** 주울 **척**	柝 딱따기 **탁** 쪼갤 **석** 처녑 **사**	晫 밝을 **탁**	琸 사람 이름 **탁** 사람 이름 **착**	濁 흐릴 **탁**
擢 뽑을 **탁**	濯 씻을 **탁** 상앗대 **도**	託 부탁할 **탁**	托 맡길 **탁**	啄 쫄 **탁** 부리 **주**
拆 터질 **탁**	沰 붉을 **탁**	涿 들을 **탁**	矺 돌로 칠 **탁** 돌 던질 **책**	籜 대 꺼풀 **탁**
蘀 낙엽 **탁**	逴 멀 **탁**	탄	炭 숯 **탄**	誕 낳을 **탄** 거짓 **탄**
歎 탄식할 **탄**	呑 삼킬 **탄**	憚 꺼릴 **탄** 놀랄 **달**	坦 평탄할 **탄** 너그러울 **탄**	彈 탄알 **탄**
嘆 탄식할 **탄** 또 **우**	灘 여울 **탄**	綻 터질 **탄**	暺 밝을 **탄**	攤 펼 **탄**

225

殫 다할 탄	癱 사지 틀릴 탄	驒 연전총 탄	憻 너그러울 탄 밝을 탄	
탈	奪 빼앗을 탈 좁은 길 태	脫 벗을 탈 기뻐할 태	侻 추할 탈	
탐	眈 노려볼 탐 머리를 내밀고 볼 침	耽 즐길 탐	貪 탐낼 탐	探 찾을 탐
嗿 많을 탐	忐 맘 허할 탐	酖 술에 빠질 탐 짐새 짐	탑	榻 걸상 탑
塔 탑 탑	傝 답답할 탑	塌 떨어질 탑	搨 베낄 탑	
탕	糖 엿 탕 엿 당	湯 끓일 탕 물이 세차게 흐를 상 해돋이 양	宕 호탕할 탕	蕩 방탕할 탕
帑 금고 탕 처자 노	燙 데울 탕	盪 씻을 탕	碭 무늬 있는 돌 탕	蘯 쓸 탕

태	泰 클 태	太 클 태	汰 일 태	台 별/태풍 태 나 이 대 대
跆 밟을 태	怠 게으를 태 안락할 이	殆 거의 태 위태할 태	態 모습 태	颱 태풍 태
兌 바꿀/기쁠 태 날카로울 예 기뻐할 열	苔 이끼 태	笞 볼기 칠 태	鈦 티타늄 태	邰 나라 이름 태
珆 옥돌 이 옥 무늬 태	鮐 복어 태	胎 아이 밸 태	娩 더딜 태	迨 미칠 태
埭 보 태	駘 둔마 태	脫 기뻐할 태 벗을 탈	孡 아이밸 태	
택	擇 가릴 택 사람 이름 역	宅 집 택 댁 댁 터질 탁	澤 못 택 풀 석 이름 탁	垞 언덕 타 사람 이름 택
탱	撑 버틸 탱	撐 버틸 탱	掌 버팀목 탱	

터	攄 펼 터	土	兎 토끼 토	討 칠 토
土 흙 토 뿌리 두 쓰레기 차	兎 토끼 토	吐 토할 토	톤	噋 느릿할 톤
통	痛 아플 통	筒 대통 통	統 거느릴 통	慟 서러워할 통
桶 통 통 되 용	洞 밝을 통 골 동	通 통할 통	恫 상심할 통	樋 나무 이름 통
箭 대통 통 전동 용	퇴	退 물러날 퇴	頹 무너질 퇴 턱 퇴	堆 쌓을 퇴
槌 망치 퇴 망치 추	腿 넓적다리 퇴	褪 바랠 퇴	隤 무너뜨릴 퇴	
투	透 사무칠 투 놀랄 숙	套 씌울 투	鬪 싸움 투	偸 훔칠 투

228

投 던질 **투** 머무를 **두**	妒 샘낼 **투**	妒 투기할 **투**	渝 달라질 **투**	骰 주사위 **투**
퉁	佟 성씨 **퉁(동)**	특	慝 사특할 **특** 숨길 **닉**	特 특별할 **특** 수컷 **특**
忒 변할 **특**	틈	闖 엿볼 **틈** 엿볼 **츰**		

파	皤 머리 센 모양 **파**	笆 가시대 **파**	簸 까부를 **파**	耙 포 **파**
琶 비파 **파**	頗 자못 **파**	杷 비파나무 **파**	擺 열 **파** 옷의 아랫단 **파** 열 **패**	破 깨뜨릴 **파** 무너질 **피**
播 뿌릴 **파**	跛 절름발이 **파** 비스듬히 설 **피**	把 잡을 **파** 긁을 **파**	派 갈래 **파**	罷 마칠 **파** 고달플 **피**
婆 할머니 **파** 음역자 **바**	波 물결 **파** 방죽 **피**	爬 긁을 **파**	巴 꼬리 **파** 바랄 **파**	坡 언덕 **파**
玻 유리 **파**	菠 시금치 **파**	葩 꽃 **파**	鄱 고을 이름 **파**	芭 파초 **파**
叵 어려울 **파**	岥 비탈 **파**	怕 두려워할 **파**	灞 강 이름 **파**	爸 아비 **파**
妃 새앙머리 **파**	판	阪 언덕 **판**	板 널빤지 **판**	鈑 금박 **판**

瓣	販	判	辦	坂
외씨 판	팔 판	판단할 판	힘들일 판	언덕 판
版	팔	叭	捌	八
판목 판		입 벌릴 팔 나팔 팔	깨뜨릴 팔 여덟 팔	여덟 팔
杷	汃	패	佩	狽
고무래 팔	물결치는 소리 팔		찰 패	이리 패 낭패할 패
牌	貝	唄	敗	浿
패 패	조개 패	염불 소리 패	패할 패	강 이름 패
稗	沛	霸	悖	覇
피 패	비 쏟아질 패 늪 패	으뜸 패 두목 패	거스를 패 우쩍 일어날 발	으뜸 패 두목 패
孛	旆	珮	霈	
살별 패	기 패	찰 패	비 쏟아질 패	
팽	彭	澎	膨	烹
	성씨 팽 곁 방	물소리 팽	부를 팽	삶을 팽

砰 물결 소리 **팽**	祊 제사 이름 **팽**	蟛 방게 **팽**	蟚 방게 **팽**	
팍	愎 강퍅할 **퍅**	편	便 편할 **편** 똥오줌 **변**	編 엮을 **편** 땋을 **변**
遍 두루 **편**	騙 속일 **편** 말 탈 **편**	篇 책 **편**	偏 치우칠 **편**	翩 나부낄 **편**
扁 작을 **편**	片 조각 **편** 절반 **반**	鞭 채찍 **편**	徧 두루 **편**	惼 좁을 **편**
緶 꿰맬 **편**	艑 거룻배 **편**	萹 마디풀 **편**	蝙 박쥐 **편**	褊 좁을 **편**
諞 말 교묘히 할 **편**	匾 납작할 **편**	폄	貶 낮출 **폄**	砭 돌침 **폄**
窆 하관할 **폄**	평	泙 물소리 **평**	萍 부평초 **평**	平 평평할 **평** 다스릴 **편**

坪	枰	評	怦	抨
평평할 **평** 평주 **평**	평평할 **평** 바둑판 **평**	평할 **평**	조급할 **평**	탄핵할 **평**
苹	萍	鮃	폐	廢
개구리 **평**	부평초 **평**	넙치 **평**		폐할 **폐** 버릴 **폐**
肺	閉	斃	蔽	嬖
허파 **폐** 성할 **폐**	닫을 **폐**	죽을 **폐**	덮을 **폐** 닦을 **별**	사랑할 **폐**
弊	吠	幣	陛	敝
폐단 **폐** 해질 **폐** 닦을 **별**	짖을 **폐**	화폐 **폐**	대궐 섬돌 **폐**	해질 **폐**
狴	獘	癈	포	佈
짐승 이름 **폐**	넘어질 **폐**	폐할 **폐**		펼 **포**
匍	暴	抛	逋	咆
길 **포**	사나울 **포** 앙상할 **박**	던질 **포**	도망갈 **포**	고함지를 **포**
怖	抱	匏	袍	拋
두려워할 **포**	안을 **포** 던질 **포**	박 **포**	도포 **포**	던질 **포**

鋪	褒	泡	疱	苞
펼 **포** 가게 **포**	기릴 **포** 모을 **부**	거품 **포**	물집 **포**	쌀 **포**
脯	鮑	葡	布	蒲
포 **포** 회식할 **보**	절인 물고기 **포**	포도 **포**	베/펼 **포** 보시 **보**	부들 **포**
包	飽	砲	浦	圃
쌀 **포** 꾸러미 **포**	배부를 **포**	대포 **포**	개 **포**	채마밭 **포**
哺	胞	捕	儤	庖
먹일 **포**	세포 **포** 여드름 **포**	잡을 **포**	번 **포**	부엌 **포**
晡	炮	炰	誧	鉋
신시 **포**	통째로 구울 **포**	구울 **포**	도울 **포**	대패 **포**
鞄	餔	鯆	暴	
혁공 **포**	새참 **포**	돌고래 **포**	사나울 **포** 사나울 **폭** 앙상할 **박**	
폭	幅	瀑	暴	爆
	폭 **폭** 행전 **핍** 두건 **복**	폭포 **폭** 소나기 **포** 용솟음칠 **팍**	사나울 **폭** 사나울 **포** 앙상할 **박**	불터질 **폭** 지질 **박**

234

輻 바퀴살 **폭** 바퀴살 **복** 몰려들 **부**	曝 사나울 **폭** 사나울 **포** 앙상할 **박**	豆	瓢 바가지 **표**	飄 나부낄 **표**
標 표할 **표**	杓 북두 자루 **표** 구기 **작**	驃 황부루 **표**	彪 범 **표**	剽 겁박할 **표**
漂 떠다닐 **표**	慓 급할 **표**	豹 표범 **표**	飇 폭풍 **표**	表 겉 **표** 시계 **표**
票 표 **표**	俵 나누어 줄 **표**	飆 폭풍 **표**	僄 가벼울 **표**	勳 으를 **표**
嘌 빠를 **표**	嫖 날랠 **표**	摽 칠 **표**	殍 주려 죽을 **표**	熛 불똥 **표**
縹 옥색 **표**	裱 목도리 **표**	鏢 칼끝 **표**	鑣 재갈 **표**	髟 머리털 드리워질 **표**
鰾 부레 **표**	瞟 겨우 들을 **표** 가면서 들을 **표**		푬	品 물건 **품**

235

稟 여쭐 **품** 곳집 **름**	풍	諷 풍자할 **풍**	豐 풍년 **풍** 부들 **풍**	楓 단풍 **풍**
馮 성씨 **풍** 업신여길 **빙**	風 바람 **풍**	豊 풍년 **풍** 부들 **풍** 예도 **례**	瘋 두풍 **풍**	
피	避 피할 **피**	陂 방죽 **피** 비탈 **파**	彼 저 **피**	被 입을 **피**
皮 가죽 **피**	疲 피곤할 **피**	披 헤칠 **피**	詖 치우칠 **피**	鞁 가슴 걸어 **피**
髲 다리 **피**	픽	腷 답답할 **픽**	필	畢 마칠 **필**
弼 도울 **필**	馝 좋은 향내가 날 **필**	泌 스며흐를 **필** 분비할 **비**	珌 칼집 장식 **필**	鉍 창 자루 **필** 밉게 볼 **피** 거문고 **슬**
疋 짝 **필** 발 **소** 바를 **이**	筆 붓 **필**	佖 점잖을 **필**	必 반드시 **필**	匹 짝 **필** 집오리 **목** 비유할 **비**

芯	吡	潩	篳	罼
향기로울 **필** 종족 이름 **별**	향기로울 **필**	샘물 용솟음칠 **필**	울타리 **필**	족대 **필**
蓽	觱	蹕	鞸	韠
콩 **필**	필률 **필**	길 치울 **필**	슬갑 **필**	폐슬 **필**
鵯	駜	滭	熚	
직박구리 **필** 떼까마귀 **비**	말 살찔 **필**	샘 용솟을 **필**	싸움다할 **필** 불 모양 **필**	
핍	乏	逼	偪	
	모자랄 **핍**	핍박할 **핍**	다가올 **핍**	

하	河 물 하	蝦 두꺼비 하 새우 하	廈 문간방 하	夏 여름 하 개오동나무 가
鰕 새우 하	瑕 허물 하	閜 크게 열릴 하	嘏 클 하 클 가	荷 멜 하 꾸짖을 하 잔달 가
賀 하례할 하	何 어찌 하 꾸짖을 하 멜 하	下 아래 하	遐 멀 하	碬 숫돌 하
霞 노을 하	縀 붉은 하	嚇 웃음소리 하 성낼 혁	呀 입 딱 벌릴 하 입 딱 벌릴 아	厦 문간방 하
是 여름 하 이 시 옳을 시	煆 불사를 하	蕸 산골 횅할 하	岈 다올 하	瘕 뱃병 하
罅 틈 하	鍜 목 투구 하	讛 대답하는 말 하 사람의 이름 하	吹 껄껄 웃을 하 숨쉴 가	抲 지휘할 하 멜 타
嗄 웃을 하 꾸짖을 하	謋 속일 하	학	嗃 엄할 학 큰소리로 외칠 효	學 배울 학 가르칠 교 고지새 할

謔	壑	虐	鶴	学
희롱할 **학**	골 **학**	모질 **학**	학 **학** 훨 **학**	배울 **학** 가르칠 **교** 고지새 **할**
狢	瘧	确	郝	鷽
오소리 **학**	학질 **학**	자갈땅 **학**	고을 이름 **학**	메까치 **학**
曤	**한**	瀚	汗	僩
훨 **학**		넓고 큰 모양 **한**	땀 **한** 현 이름 **간**	굳셀 **한**
翰	漢	罕	旱	限
편지 **한**	한수 **한** 한나라 **한** 신년 **탄**	드물 **한**	가물 **한**	한할 **한** 심할 **은**
寒	澣	韓	嫻	悍
찰 **한**	빨래할 **한** 열흘 **한**	한국 **한** 나라 **한**	우아할 **한**	사나울 **한**
閑	閒	恨	欄	瀾
한가할 **한**	한가할 **한** 사이 **간**	한 **한**	큰 나무 **한**	넓을 **한**
閈	扞	忓	邗	嫺
익힐 **한**	막을 **한**	방해할 **한**	땅 이름 **한**	우아할 **한**

捍 막을 한	閈 이문 한	馯 사나운 말 한	鷳 솔개 한	鼾 코 골 한
暵 마를 한	할	轄 다스릴 할 비녀장 할	割 벨 할	瞎 애꾸눈 할
함	鹹 짤 함 다 함	艦 큰 배 함	啣 재갈 머금을 함	喊 소리칠 함 다물 함
陷 빠질 함	含 머금을 함	涵 젖을 함	銜 재갈 함	函 함 함
菡 연꽃 함	緘 봉할 함	檻 난간 함	咸 다 함 짤 감 덜	莟 꽃봉우리 함
諴 화할 함	轞 함거 함	闞 범소리 함 바라볼 감		
합	閤 쪽문 합	哈 물고기 많은 모양 합	蛤 대합조개 합	闔 문짝 합

合	陜	盒	匌	嗑
합할 **합** 쪽문 **합** 홉 **홉**	좁을 **합** 땅 이름 **합** 좁을 **협**	합 **합**	돌 **합**	말 많을 **합**
柙	榼	溘	盍	郃
우리 **합**	통 **합**	갑자기 **합**	덮을 **합**	고을 이름 **합**
항	項	降	航	伉
	항목 **항**	항복할 **항** 내릴 **강**	배 **항**	짝 **항**
杭	缸	抗	沆	亢
건널 **항**	항아리 **항**	겨룰 **항** 큰길 **강**	넓을 **항**	높을 **항**
恒	肛	行	姮	巷
항상 **항** 반달 **긍**	항문 **항** 항문 **홍**	항렬 **항** 다닐 **행**	항아 **항**	거리 **항**
桁	嫦	恆	港	扮
차꼬 **항** 도리 **형**	항아 **항** 항아 **상**	항상 **항** 반달 **긍**	항구 **항** 통할 **홍**	멜 **항**
炕	蛤	頏	해	害
말릴 **항**	벙어리저금통 **항**	새 날아 내릴 **항**		해할 **해** 어느 **할**

咍 어린이 웃을 해 기침 해	諧 화할 해	邂 만날 해	瑎 검은 옥돌 해 검은 옥돌 개	蟹 게 해
偕 함께 해	奚 어찌 해	海 바다 해	駭 놀랄 해	楷 본보기 해
亥 돼지 해	該 갖출 해 마땅 해	垓 지경 해	解 풀 해	孩 어린아이 해
哈 비웃을 해	骸 뼈 해	瀣 이슬 기운 해	懈 게으를 해	澥 바다 이름 해
晐 갖출 해	嶰 골짜기 해	廨 관아 해	欬 기침 해	獬 짐승 이름 해
痎 학질 해	薤 염교 해	醢 젓갈 해	頦 턱 해	鮭 어채 해 복 규
祄 하늘이 도울 해	海 바다 해	핵	劾 꾸짖을 핵 힘쓸 핵	核 씨 핵 풀뿌리 해

242

翮 깃촉 **핵**	覈 핵실할 **핵**	**행**	倖 요행 **행**	行 다닐 **행** 항렬 **항**
荇 노랑어리연꽃 **행**	杏 살구 **행**	幸 다행 **행**	涬 기운 **행**	悻 성낼 **행**
향	香 향기 **향**	鄕 시골 **향**	嚮 향할 **향** 성씨 **상**	晑 밝을 **향**
饗 잔치할 **향**	珦 옥 이름 **향** 옥 이름 **상**	向 향할 **향** 성씨 **상**	響 울릴 **향**	麝 사향 사슴 **향**
餉 건량 **향**	享 누릴 **향** 삶을 **팽**	薌 곡식 냄새 **향**	**허**	墟 터 **허**
虛 빌 **허**	噓 불 **허**	許 허락할 **허** 이영차 **호**	歔 흐느낄 **허**	
헌	憲 법 **헌**	獻 드릴 **헌** 술두루미 **사** 위의 있을 **의**	軒 집 **헌**	櫶 나무 이름 **헌**

憲 수레 포장 **헌**	攇 비길 **헌**	輲 초 **헌** 멍에 **혼** 돌아올 **혼**	憓 한할 **헌** 알 **훤** 깨달을 **훤**	晅 밝을 **헌** 밝을 **훤**
巘 봉우리 **헌**	헐	猲 쉴 **헐** 개 이름 **갈** 사람 이름 **알**	험	驗 시험 **험**
險 험할 **험** 괴로워할 **삼** 낭떠러지 **암**	嶮 험할 **험**	獫 오랑캐 이름 **험**	玁 오랑캐 이름 **험**	
혁	焱 불꽃 **혁** 불꽃 **염**	爀 불빛 **혁**	焃 빛날 **혁** 꾸짖을 **하** 쓸 **석**	奕 클 **혁**
侐 고요할 **혁**	革 가죽 **혁** 중해질 **극**	赫 빛날 **혁** 꾸짖을 **하** 쓸 **석**	嚇 노할 **혁**	弈 바둑 **혁**
洫 봇도랑 **혁**	鬩 다툴 **혁**	繘 붉을 **혁**	현	顯 나타날 **현**
縣 고을 **현** 매달 **현**	俔 염탐할 **현**	怰 팔 **현**	玆 옥돌 **현**	晛 햇살 **현** 햇살 **년**

峴 고개 **현**	呟 소리 **현**	鋗 노구솥 **현** 쓸 **견**	衒 자랑할 **현**	譞 영리할 **현**
絢 무늬 **현** 끈 **순**	⿰弓妾 활 **현**	顯 나타날 **현**	玄 검을 **현**	眩 어지러울 **현** 요술 **환** 돌아다니며 팔 **견**
儇 영리할 **현**	現 나타날 **현**	弦 시위 **현**	懸 달 **현**	絃 줄 **현**
⿰阝見 한정할 **현**	炫 밝을 **현**	賢 어질 **현**	昡 햇빛 **현**	泫 이슬 빛날 **현** 땅 이름 **견**
睍 불거진 눈 **현**	鉉 솥귀 **현**	見 뵈올 **현** 볼 **견**	舷 뱃전 **현**	琄 패옥 늘어질 **현**
嬛 경편할 **현**	娊 허리 가늘 **현**	妶 여자 이름 **현**	灦 물 깊고 맑을 **현**	駽 철총이 **현**
痃 힘줄 땅기는 병 **현**	翾 파뜩 파뜩 날 **현**	蜆 가막조개 **현**	⿰木弦 땅 이름 **현**	繯 맬 **현**

諰 말다툼할 현		혈	頁 머리 혈 책 면 엽	血 피 혈
穴 구멍 혈 굴 홀	孑 외로울 혈	絜 헤아릴 혈	趨 나아갈 혈	
혐	嫌 싫어할 혐	협	協 화합할 협	脅 위협할 협 겨드랑이 협
峽 골짜기 협	夾 낄 협	俠 의기로울 협	狹 좁을 협	洽 화할 협
浹 두루 미칠 협	頰 뺨 협	鋏 집게 협	莢 꼬투리 협	挾 낄 협
脇 위협할 협 겨드랑이 협	匧 상자 협	叶 화합할 협	埉 물가 협	恊 겁낼 협
悏 생각할 협	愜 쾌할할 협	篋 상자 협	형	泂 멀 형

邢 성씨 **형** 땅 이름 **경**	螢 반딧불이 **형**	刑 형벌 **형** 탕기 **형**	迥 멀 **형**	逈 멀 **형**
瀅 물 맑을 **형** 물 맑을 **영** 물 이름 **경**	形 모양 **형**	兄 형 **형** 두려워할 **황**	濙 물 이름 **형**	熒 등불 **형**
亨 형통할 **형** 드릴 **향** 삶을 **팽**	滎 실개천 **형**	衡 저울대 **형** 가로 **횡**	鎣 줄 **형** 줄 **영**	瑩 의혹할 **형** 밝을 **영** 옥돌 **옥**
荊 가시나무 **형**	炯 빛날 **형**	型 모형 **형**	珩 노리개 **형**	馨 꽃다울 **형**
俙 이룰 **형**	敻 멀 **형**	娙 여관 이름 **형**	詗 염탐할 **형**	陘 지레목 **형**
혜	醯 식혜 **혜**	譓 슬기로울 **혜**	譿 슬기로울 **혜**	暳 별 반짝일 **혜**
蕙 풀 이름 **혜**	蹊 좁은 길 **혜** 이상야릇할 **계**	惠 밝힐 **혜**	鞋 신 **혜**	兮 어조사 **혜**

247

憓 사랑할 **혜**	慧 은혜 **혜**	鏸 날카로울 **혜** 병기 **예**	彗 살별 **혜** 살별 **수**	恵 은혜 **혜**
憲 슬기로울 **혜**	匸 감출 **혜**	傒 묶을 **혜**	嚖 가냘플 **혜**	徯 샛길 **혜**
槥 널 **혜**	盻 흘겨볼 **혜**	謑 창피 줄 **혜**	詥 정성스런 말 **혜** 진실금 **예** 대답할 **예**	
호	滸 물가 **호** 물가 **허**	浩 넓을 **호** 술 거를 **고**	瓡 박 **호**	葫 마늘 **호**
岵 산 **호**	湖 호수 **호**	號 이름 **호** 부르짖을 **호**	鎬 호경 **호**	皓 흴 **호**
狐 여우 **호**	壺 병 **호**	乎 어조사 **호**	晧 밝을 **호** 성 **고**	縞 명주 **호**
虎 범 **호**	瑚 산호 **호**	扈 따를 **호** 파랑새 **호**	蝴 나비 **호**	毫 터럭 **호**

248

豪 호걸 호	苄 지황 하 지황 호	琥 호박 호	祜 복 호	胡 되 호 오랑캐 이름 호 수염 호
犒 호궤할 호	戶 집 호 지게 호	互 서로 호	護 도울 호	皞 밝을 호
壕 해자 호	灝 넓을 호	顥 클 호	頀 구할 호	澔 넓을 호
呼 부를 호	好 좋을 호	弧 활 호	糊 풀칠할 호 죽 호	淏 맑을 호
濩 퍼질 호 삶을 호	濠 호주 호	昊 하늘 호	虠 재치 있을 효 재치 있을 호	蒿 쑥 호 짚 고
芦 지황 호 지황 하 갈대 로	鄗 땅 이름 호	熩 빛날 호	嫭 아름다울 호	怙 믿을 호
蔰 빛 호	儫 영웅 호	冱 찰 호	嘷 짖을 호	鬍 수염 호

嫭	洰	滈	滹	猢
아름다울 호	찰 호	장마 호	강 이름 호	원숭이 호
皜	餬	号	瓳	聕
흴 호	기식할 호	부를 호	큰기와 호 벽돌 호	들릴 호
醐		혹	或	酷
우락더껑이 호			혹 혹 나라 역	심할 혹
惑	熇	혼	渾	婚
미혹할 혹	뜨거울 혹 엄할 효		흐릴 혼 뒤섞일 혼	혼인할 혼
混	俒	琿	魂	昏
섞을 혼 오랑캐 곤	완전할 혼	아름다운 옥 혼	넋 혼	어두울 혼 힘쓸 민
湣	溷	焜	閽	顝
정하여지지 않을 혼 시호 민	어지로울 혼	빛날 혼	문지기 혼	성낼 혼 얼굴과 머리 둥글 혼
圂	홀	惚	忽	笏
뒷간 혼 가축 환		황홀할 홀	갑자기 홀	홀 홀

囵 온전할 **홀**	홍	汞 수은 **홍**	泓 물 깊을 **홍**	弘 클 **홍**
洪 넓을 **홍**	銾 쇠뇌 고동 **홍**	虹 무지개 **홍** 어지러울 **항** 고을 이름 **공**	哄 떠들석할 **홍**	紅 붉을 **홍** 상복 **공**
訌 어지러울 **홍**	烘 화툿불 **홍**	鴻 기러기 **홍** 원기 **홍**	哄 날 밝으려 할 **홍**	澒 수은 **홍**
篊 홈통 **홍**	鬨 싸울 **홍**	화	畫 그림 **화** 그을 **획**	話 말씀 **화**
和 화할 **화**	靴 신 **화**	嫿 탐스러울 **화**	禍 재앙 **화**	禾 벼 **화** 말 이빨의 수효 **수**
譁 시끄러울 **화**	化 될 **화** 잘못 **와**	花 꽃 **화**	澅 깊을 **화**	火 불 **화**
樺 벚나무 **화** 자작나무 **화**	貨 재물 **화**	華 빛날 **화**	畵 그림 **화** 그을 **획**	俰 화할 **화**

251

嘩	驊	龢	확	廓
시끄러울 화	준마 화	풍류 조화될 화		클 확 둘레 곽
擴	礭	穫	攫	磽
넓힐 확 북칠 황	창 확	거둘 확 땅 이름 호	움킬 확 움킬 국	굳을 확 고르지 않은 모양 교
確	矍	礭	鑊	
굳을 확	두리번거릴 확	회초리 확	가마 확	
환	幻	宦	歡	圜
	헛보일 환 변할 환	벼슬 환	기쁠 환	둥글 원 두를 환
桓	患	換	紈	鰥
굳셀 환	근심 환	바꿀 환	흰 비단 환	환어 환 홀아버지 환 곤이 곤
環	奐	丸	煥	晥
고리 환	빛날 환	둥글 환	불꽃 환 빛날 환	환할 환
渙	喚	鐶	驩	還
흩어질 환 물 이름 회	부를 환	고리 환	기뻐할 환 말 이름 환	돌아올 환 돌 선

皖	寰	懽	擐	瓛
샛별 **환**	기내 **환**	기뻐할 **환**	입을 **환**	옥홀 **환**
睆	豢	轘	鍰	鬟
가득 차 있는 모양 **환**	기를 **환**	환형 **환**	무게 단위 **환**	쪽찐 머리 **환**
洹	絙	**활**	猾	滑
세차게 흐를 **환** 물 이름 **원**	끈 **환**		교활할 **활**	미끄러울 **활** 익살스러울 **골**
活	豁	闊	潤	蛞
살 **활** 물 콸콸 흐를 **괄**	뚫린 골 **활**	넓을 **활**	넓을 **활**	괄태충 **활**
황	晄	荒	愰	篁
	밝을 **황**	거칠 **황** 공허할 **강**	마음 밝을 **황**	대숲 **황**
況	凰	徨	湟	堭
상황 **황** 하물며 **황**	봉황 **황**	헤맬 **황**	성지 **황**	당집 **황**
晃	簧	璜	媓	煌
밝을 **황**	서 **황**	패옥 **황**	어머니 **황**	빛날 **황**

恍 황홀할 **황** 용맹스러운 모양 **광**	黃 누를 **황**	惶 두려울 **황**	楻 깃대 **황**	遑 급할 **황**
潢 웅덩이 **황**	隍 해자 **황**	幌 휘장 **황**	熀 이글거릴 **황** 이글거릴 **엽**	慌 어리둥절할 **황**
榥 책상 **황**	滉 깊을 **황**	皇 임금 **황** 갈 **왕**	蝗 메뚜기 **황**	喤 어린아이 울음 **황**
怳 멍할 **황**	瑝 옥 소리 **황**	肓 명치끝 **황**	貺 줄 **황**	鍠 종소리 **황**
회	灰 재 **회**	繪 그림 **회**	晦 그믐 **회**	恢 넓을 **회**
淮 물 이름 **회**	悔 뉘우칠 **회**	懷 품을 **회**	獪 교활할 **회** 교활할 **쾌**	茴 회향풀 **회**
回 돌아올 **회**	誨 가르칠 **회**	匯 물 돌아 나갈 **회**	檜 전나무 **회**	澮 봇도랑 **회**

徊 머뭇거릴 회	膾 회 회	蛔 회충 회	會 모일 회	廻 돌 회
賄 재물 회 뇌물 회	繪 그림 회	会 모일 회	佪 어정거릴 회	洄 거슬러 올라갈 회
盉 바리 회	詼 조롱할 회	迴 돌 회	頮 세수할 회	鱠 회 회
획	獲 얻을 획 실심할 확	劃 그을 획	嚄 외칠 획	画 그을 획 그림 화
횡	宖 집 울릴 횡 클 굉	橫 가로 횡 빛 광	鐄 종 횡	潹 물이 빙 돌 횡
鈜 쇳소리 횡	矕 글방 횡		효	酵 삭힐 효 삭힐 교
傚 본받을 효	譹 부를 효	哮 성낼 효	効 본받을 효	斅 가르칠 효

肴	梟	窙	淆	效
안주 **효**	올빼미 **효** 목매달 **교**	높은 기운 **효**	뒤섞일 **효**	본받을 **효**
曉	涍	孝	嚆	皛
새벽 **효**	성씨 **효**	효도 **효**	울릴 **효**	나타날 **효** 칠 **박**
歊	驍	爻	洨	庨
오를 **효**	날랠 **효**	사귈 **효** 가로그을 **효**	강 이름 **효**	집이 높은 모양 **효**
虓	熇	囂	崤	殽
울부짖을 **효**	불김 **효** 마를 **고**	들렐 **효**	산 이름 **효**	섞일 **효**
餚	烋	嫲	후	後
반찬 **효**	거들먹거릴 **효** 아름다울 **효**	여자의 마음 영리할 **효**		뒤 **후** 임금 **후**
逅	帿	侯	堠	煦
만날 **후**	제후 **후**	제후 **후** 어조사 **혜**	돈대 **후**	따뜻하게 할 **후**
朽	后	喉	厚	候
썩을 **후**	뒤 **후** 임금 **후**	목구멍 **후**	두터울 **후**	기후 **후**

吼	嗅	珝	姁	煦
울부짖을 **후**	맡을 **후**	옥 이름 **후** 옥 이름 **허**	할미 **후**	불 **후**
猴	篌	詡	譃	酗
원숭이 **후**	공후 **후**	자랑할 **후**	망령된 말 **후**	주정할 **후**
餱	厚	欨	芌	吽
건량 **후**	두터울 **후**	즐거워할 **후**	클 **후**	소가울 **후** 진언 **흠**
훈	勛	暈	壎	訓
	공 **훈**	무리 **훈** 어지러울 **운**	질나발 **훈**	가르칠 **훈** 길 **순**
勳	燻	熏	薰	鑂
공 **훈**	연기낄 **훈**	불길 **훈**	향풀 **훈**	금빛 투색할 **훈**
焄	塤	勲	曛	獯
김 쐴 **훈**	질나발 **훈**	공 **훈** 힘쓸 **양**	석양빛 **훈**	오랑개 이름 **훈**
葷	纁	輝	薫	熏
매운 채소 **훈**	분홍빛 **훈**	햇무리 **훈** 빛날 **휘**	향풀 **훈**	불길 **훈**

蘍 향풀 훈	薱 훌	欻 문득 훌	흥	薨 훙서 훙 많을 횡
훤	喧 지껄일 훤	暄 온난할 훤	萱 원추리 훤	煊 마를 훤 따뜻할 훤
昍 밝을 훤	烜 마를 훤	諠 잊을 훤	諼 속일 훤	愃 너그러울 훤 쾌할 선
翽	毀 헐 훼	毁 헐 훼	喙 부리 훼 부리 달	卉 풀 훼 빠를 훌
燬 불 훼	芔 풀 훼	虺 살무사 훼	휘	煒 빛 휘 빨갈 위
麾 기 휘	揮 휘두를 휘 표기 휘 휘두를 혼	煇 빛날 휘 햇무리 운	暉 빛 휘	徽 아름다울 휘 표기 휘
輝 빛날 휘	諱 숨길 휘 꺼릴 휘	彙 무리 휘 고슴도치 휘	撝 찢을 휘	翬 훨훨 날 휘

휴	携 이끌 **휴**	虧 이지러질 **휴**	休 쉴 **휴** 따뜻하게 할 **후**	烋 아름다울 **휴** 거들먹거릴 **효**
畦 밭두둑 **휴**	庥 그늘 **휴**	咻 떠들 **휴**	隳 무너뜨릴 **휴**	髹 옻칠할 **휴**
鵂 수리부엉이 **휴**	**휼**	鷸 도요새 **휼**	恤 불쌍할 **휼**	譎 속일 **휼**
卹 가엾이 여길 **휼(술)**	**흉**	胸 가슴 **흉**	兇 흉악할 **흉**	洶 용솟음칠 **흉**
凶 흉할 **흉**	匈 오랑캐 **흉** 가슴 **흉**	恟 두려워할 **흉**	胷 가슴 **흉**	
흑	黑 검을 **흑**	**흔**	昕 새벽 **흔**	欣 기쁠 **흔**
忻 기쁠 **흔**	炘 화끈거릴 **흔** 기뻐할 **흔**	痕 흔적 **흔**	很 패려궂을 **흔**	掀 치켜들 **흔**

愉 기쁠 혼	釁 피 바를 흔	훌	紇 묶을 흘	屹 우뚝 솟을 흘
吃 말 더듬을 흘	訖 이를 흘 이를 글	仡 날랠 흘	汔 거의 흘	疙 쥐부스럼 흘
迄 이를 흘	齕 깨물 흘	흠	欠 하품 흠 이지러질 결	歆 흠향할 흠
欽 공경할 흠 신음할 음	鑫 기쁠 흠	廞 진열할 흠	흡	吸 마실 흡
恰 흡사할 흡	洽 흡족할 흡 강 이름 합	翕 합할 흡	噏 들이쉴 흡	歙 줄일 흡
潝 빨리 흐르는 소리 흡	翖 합할 흡	흥	興 일 흥 피 바를 흔	
희	熺 빛날 희 지을 희	姬 여자 희 삼갈 진	戲 희롱할 희 탄식할 호	熙 빛날 희

熙 빛날 **희** 사람 이름 **이**	爔 불 **희**	凞 빛날 **희**	禧 나무 이름 **희**	熹 빛날 **희**
煕 빛날 **희** 복 **희** 사람 이름 **이**	噫 한숨 쉴 **희** 트림할 **애** 탄식할 **억**	咥 웃을 **희** 깨물 **질**	憘 기쁠 **희**	橲 나무 이름 **희**
稀 드물 **희**	烯 불빛 **희**	晞 마를 **희**	希 바랄 **희** 칡베 **치**	憙 기뻐할 **희**
羲 복희씨 **희**	姬 여자 **희** 왕후 **이** 앉을 **거**	喜 기쁠 **희**	僖 기쁠 **희**	曦 햇빛 **희**
燹 들불 **희** 야화 **희/선**	俙 비슷할 **희**	囍 쌍희 **희**	嬉 아름다울 **희**	犧 희생 **희** 술그릇 **사**
暿 몹시 더울 **희**	譆 감탄할 **희**	唏 슬퍼할 **희**	嘻 웃을 **희**	悕 슬퍼할 **희**
欷 흐느낄 **희**	豨 멧돼지 **희**	餼 보낼 **희**	戲 놀이 **희** 서러울 **호** 기 **휘**	嫼 기쁠 **희**

힐	詰	犵	纈	襭
	물을 힐 꾸짖을 힐	오랑캐 이름 힐	홀치기염색 힐	옷자락 꽂을 힐
頡	黠			
곧을 목 힐	약을 힐			

인명용 한자

2016년 1월 20일 초판 인쇄
2016년 1월 29일 초판 발행

편저자 편 집 부
발행자 유 건 희
발행처 삼성서관

등 록 제300-2002- 153호
등록일 1997. 1. 8
주 소 서울 종로구 종로 50길 5-7(창신동)
         우일빌딩 401호
전 화 763-1258 / 764-1258

※ 잘못된 책은 바꿔 드립니다.

정가 10,000원